W0370585

Bezaubernde Babymaschen

Lieblingsmodelle zum Stricken

Sonia Lucano (Styling)
Frédéric Lucano (Fotografie)

Bassermann Inspiration

Ein oder zwei Knäuel für die Fäustlinge oder die Hausschuhe, drei oder vier für einen kleinen Pulli, ein Jäckchen oder ein Kleid, einige Stunden Arbeit, ein paar mehr für größere Projekte ... Gründe, Ihre Nadeln herauszuholen, gibt es genug.
Ob Sie Anfängerin sind oder eine erfahrene Strickerin, in diesem Buch finden Sie bestimmt Projekte, die Sie inspirieren – einen Schal mit rechten Maschen gerade hoch gestrickt oder eine etwas anspruchsvoller gearbeitete Decke – und schon freuen Sie sich darüber, wie schnell Ihre Arbeit vorangeht.
Da alle Kleidungsstücke zueinanderpassen, können Sie eine ganze Babyausstattung fertigstellen. Kombinieren Sie Schühchen mit einem kleinen Pulli, und stellen Sie dazu noch eine passende Mütze, einen Schal und Handschuhe zusammen. Stricken Sie ein kleines gestreiftes Kleid und eine einfarbige Pumphose, arbeiten Sie für jedes Outfit Schuhe, und ändern Sie die vorgeschlagenen Farben auf die persönliche Garderobe Ihres Babys ab.
Die zeitlosen Modelle in diesem Buch sind meist in drei Größen angegeben, sie sind flexibel - und außerdem regen sie zu Interpretationen an: Wählen Sie die Farben ganz nach Ihrem Geschmack, der Stil der Modelle passt für Mädchen und Jungen gleichermaßen. Also gute Gründe, um gleich zu beginnen!

Warme Westen, Jacken und Pullover, kleine Oberteile, sachlich oder fantasievoll, eine Kollektion von Schuhen, ein- oder zweifarbig, eine Auswahl an Schals, Handschuhen und vielem mehr. Picken Sie ein Modell hier heraus, ein anderes dort, und fertigen Sie eine Auswahl von Kleidungsstücken an, die man je nach Lust und Laune untereinander kombinieren kann.

Die Zahlen beziehen sich auf die Seiten der Strickanleitungen.

84

73

77

78

84

87

88
113
78
74
86
97
113
112

71
104
91
70
115
95

98

92

115

112

94

83

114

107
83
94
105
76
99

102
103
102
103
101
90
110
108
116

106
109
111
105
106
109

118

119

122

116

117

120

121

Mäntelchen (S. 79)
+ Strampelanzug (S. 92)
+ Schal im Strukturmuster (S. 103)
+ Handschuhe (S. 109)

Mäntelchen (S. 79)

Babyjäckchen (S. 71) + Gestreiftes Babyjäckchen (S. 84)

Gestreiftes Babyjäckchen (S. 84)

Decke mit geometrischem Muster (S. 117) + Wichtelschuhe (S. 111)

Schicke Jacke (S. 70)
+ Schal im Strukturmuster (S. 103)

Warme Jacke (S. 82)
+ Lange Hose (S. 94)

Warme Jacke (S. 82)

Lange Hose (S. 94)
+ Mütze mit Pompons (S. 104)
+ Streifenpulli (S. 78)

Streifenpulli (S. 78)

Decke mit Aranmustern (S. 116) + Schühchen mit Blumen (S. 113)

Wickeljäckchen (S. 76) + Strampelanzug mit Trägern (S. 95)

Wickeljäckchen (S. 76)

Wickeljäckchen (S. 88)

Strampelanzug mit Trägern (S. 95)
+ Wickeljäckchen (S. 88)

Sammlung von Hausschuhen, Stiefeln und anderen Schuhen
(S. 110 – 116)

Pulli mit Kreuzstich (S. 73)
+ Warme Jacke (S. 82)
+ Schal mit Pompons (S. 106)
+ Fäustlinge (S. 109)

Pulli mit Kreuzstich (S. 73)

Pulli mit Kreuzstich (S. 73) + Warme Jacke (S. 82)

Schal mit Pompons (S. 106) + Fäustlinge (S. 109)
+ Wichtelschuhe (S. 111)

Überkleid (S. 98) + Babyjäckchen mit Schleife (S. 83) + Babyschuhe (S. 115)

Überkleid (S. 98) + Babyjäckchen mit Schleife (S. 83)

Babyjäckchen mit Schleife (S. 83)
+ Spielhose (S. 94)

Babyjäckchen mit Schleife (S. 83) + Variante

Sternendecke (S. 121) + Babyschuhe (S. 115)
+ Schal mit Aranmustern (S. 108)

Sternenkissen (S. 120)

Kollektion von kleinen Oberteilen (S. 70 – 91)

Pulli im Zickzackmuster (S. 87)

Pulli im Zickzackmuster (S. 87) + Spielhose (S. 94)

Asymmetrisches Jäckchen (S. 74)
+ Schal mit Aranmustern (S. 108)
+ Mütze mit Bändern (S. 107)

Asymmetrisches Jäckchen (S. 74)

Trägertop (S. 99) + Pumphose mit Band (S. 90)

Pumphose mit Band (S. 90) + Schühchen mit Blumen (S. 113)

Pumphose mit Band (S. 90)
+ Pulli im Fantasiemuster (S. 77)

Pulli im Fantasiemuster (S. 77)
+ Mütze mit Pompon (S. 102)

Schlafsack für Jungen (S. 119)
+ Babyschuhe (S. 115)

Raglanjäckchen (S. 86)

Mütze mit Pompon (S. 102)
+ Schal im Strukturmuster (S. 103)

Schlafsack für Mädchen (S. 118)

Gestreiftes Babyjäckchen (S. 84)

Sammlung von Schals und anderen
wärmenden Accessoires
(S. 103 – 109)

Streifenpulli (S. 78) + Marineblauer Mantel (S. 81)

Zipfelmütze (S. 105)
+ Schal mit Pompons (S. 106)
+ Handschuhe (S. 109)
+ Marineblauer Mantel (S. 81)

Zipfelmütze (S. 105) + Schal mit Pompons (S. 106)
+ Handschuhe (S. 109)

Kuscheltier (S. 122)

Zweifarbiges Jäckchen (S. 91)

Kleid mit Taschen (S. 97) + Zweifarbiges Jäckchen (S. 91)

Kollektion von Mützen und Kopfbedeckungen (S. 101 – 107)

Schicke Jacke

Foto Seite 21

G 1: 0–3 Monate, **G 2:** 6–9 Monate, **G 3:** 12–18 Monate

Material
Strickgarn 50 % Wolle, 50 % Polyacryl – Blau:
4 Knäuel für G 1, 5 Knäuel für G 2 und G 3
Stricknadeln Nr. 3 und 3,5
Knöpfe: 5 für **G 1** und **G 2**, 7 für **G 3**

Strickmuster: kraus rechts, Fantasiemuster (siehe Strickschrift)
Maschenprobe: 23 M und 36 R mit Nadeln Nr. 3,5 im Fantasiemuster gestrickt = 10 x 10 cm

Rückenteil: Mit Nadeln Nr. 3,5 **G 1:** 60 M, **G 2:** 66 M, **G 3:** 74 M anschl und im Fantasiemuster nach der Strickschrift str, dabei mit der **G 1:** 6. M, **G 2:** 3. M, **G 3:** 10. M beginnen.
In **G 1:** 16 cm, **G 2:** 18 cm, **G 3:** 20 cm GH für die Armausschnitte beidseitig in jeder 2. R **G 1:** 1 x 2 M, 5 x 1 M, **G 2:** 2 x 2 M, 4 x 1 M, **G 3:** 4 x 2 M, 2 x 1 M abn (= **G 1:** 46 M, **G 2:** 50 M, **G 3:** 54 M).
In **G 1:** 26 cm, **G 2:** 29 cm, **G 3:** 32 cm GH für die Schulterschräge in jeder 2. R wie folgt abn: **G 1:** 1 x 6 M, 1 x 5 M, **G 2:** 2 x 6 M, **G 3:** 1 x 7 M, 1 x 6 M, dann die restl **G 1:** 24 M, **G 2:** 26 M, **G 3:** 28 M abk.

Linke Vorderteilhälfte: Mit Nadeln Nr. 3,5 **G 1:** 34 M, **G 2:** 37 M, **G 3:** 41 M anschl und im Fantasiemuster nach der Strickschrift str, dabei wie beim Rückenteil beginnen und die R mit 6 M kraus rechts statt mit 4 M beenden.
In **G 1:** 16 cm, **G 2:** 18 cm, **G 3:** 20 cm GH an der rechten Seite für den Armausschnitt wie beim Rückenteil abn (= **G 1:** 27 M, **G 2:** 29 M, **G 3:** 31 M).
In **G 1:** 21 cm, **G 2:** 24 cm, **G 3:** 27 cm GH an der linken Seite die 6 M in kraus rechts stilllegen und für den Halsausschnitt weiter in jeder 2. R abn wie folgt: **G 1:** 1 x 1 M, 1 x 3 M, 1 x 2 M, 4 x 1 M, **G 2:** 1 x 2 M, 1 x 3 M, 1 x 2 M, 4 x 1 M, **G 3:** 2 x 3 M, 1 x 2 M, 4 x 1 M.
In **G 1:** 26 cm, **G 2:** 29 cm, **G 3:** 32 cm GH die Schulterabnahmen an der rechten Seite wie beim Rückenteil arbeiten.
Die **rechte Vorderteilhälfte** gegengleich arbeiten und bei den 6 M in kraus rechts in regelmäßigem Abstand **G 1**, **G 2:** 4 Knopflöcher, **G 3:** 6 Knopflöcher arbeiten, das erste 3 cm vom unteren Rand entfernt, das letzte 4 cm vor Beginn des Halsausschnitts. (Für ein Knopfloch die 3. und 4. M der kraus rechts gestrickten M abk und in der folg R wieder 2 M neu anschl.)
Ärmel: Mit Nadeln Nr. 3,5 **G 1**, **G 2:** 36 M, **G 3:** 38 M anschl und im Fantasiemuster nach der Strickschrift str, dabei mit der **G 1**, **G 2:** 7. M, **G 3:** 6. M beginnen.
Gleichzeitig beidseitig **G 1:** in jeder 8. R 5 x 1 M, **G 2:** in jeder 8. R 3 x 1 M und in jeder 6. R 4 x 1 M, **G 3:** in jeder 8. R 5 x 1 M und in jeder 6. R 3 x 1 M zun (= **G 1:** 46 M, **G 2:** 50 M, **G 3:** 54 M).
In **G 1:** 13 cm, **G 2:** 15,5 cm, **G 3:** 18 cm GH beidseitig für die Ärmelrundung in jeder 2. R abn wie folgt: **G 1:** 3 x 2 M, 3 x 1 M, 1 x 2 M, 2 x 3 M, **G 2:** 3 x 2 M, 3 x 1 M, 2 x 2 M, 2 x 3 M, **G 3:** 4 x 2 M, 3 x 1 M, 2 x 2 M, 2 x 3 M. Die restl 12 M abk.
Fertigstellung: Die Schulter- und Seitennähte schließen. Die Ärmelnähte schließen und die Ärmel einsetzen.

Die stillgelegten 6 M einer Vorderteilhälfte wieder aufn, entlang des Halsausschnitts einer Vorderteilhälfte **G 1:** 15 M, **G 2:** 16 M, **G 3:** 17 M aufn, 1 M an der Schulternaht, entlang des rückwärtigen Halsausschnitts **G 1:** 28 M, **G 2:** 30 M, **G 3:** 32 M aufn, 1 M an der Schulternaht, entlang des Halsausschnitts der zweiten Vorderteilhälfte **G 1:** 15 M, **G 2:** 16 M, **G 3:** 17 M aufn und die übrigen stillgelegten 6 M der zweiten Vorderteilhälfte wieder aufn. Kraus rechts str, dabei in der 1. R mit 2 M Randabstand am rechten Vorderteil ein Knopfloch arbeiten (2 M abk und in der folg R wieder neu anschl). In der 5. R alle M abk.

Die Knöpfe annähen.

Fantasiemuster

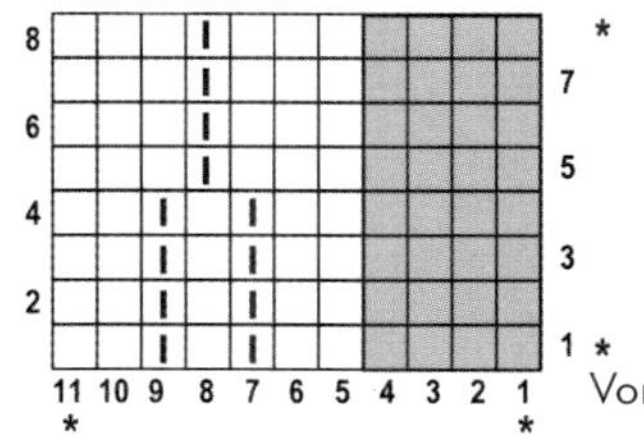

Von * bis * wdh

I = in Hin-R 1 M re, in Rück-R 1 M li
□ = in Hin-R 1 M li, in Rück-R 1 M re
■ = kraus rechts

Babyjäckchen

Foto Seite 18

G 1: 0–3 Monate, **G 2:** 6–9 Monate

Material
Strickgarn 100 % Wolle – Kieselgrau:
2 Knäuel für beide Größen
Stricknadeln Nr. 2,5, Häkelnadel Nr. 2,5
Knöpfe: 5 für beide Größen

Strick- und Häkelmuster: glatt rechts, Rippenmuster 1/1, kraus rechts, feste Maschen, halbe Stäbchen.
Rippenmuster 3/2: * 3 M re, 2 M li *.
Rippenmuster 3/3: * 3 M re, 3 M li *.
Rippenmuster 3/1: * 3 M re, 1 M li *.
Von * bis * so oft wdh, wie angegeben, oder bis zum Ende der Reihe.
Zunahmen aus dem Querfaden: Unter dem Faden zwischen 2 M einstechen und re verschr abstricken.
Maschenprobe: 29 M und 37 R mit Nadeln Nr. 2,5 glatt rechts gestrickt = 10 x 10 cm

Vorderteil: G 1: 77 M, **G 2:** 87 M anschl und 1,5 cm im Rippenmuster 1/1 str. Glatt rechts weiterstr und beidseitig mit 2 M Randabstand (am R-Beginn: einen einf Ü, am R-Ende: 2 M re zusstr) in der 9. R 1 M abn, dann **G 1:** in jeder 8. R 3 x 1 M, in jeder 6. R 3 x 1 M, **G 2:** in jeder 8. R 7 x 1 M abn (= **G 1:** 63 M, **G 2:** 73 M). In **G 1:** 15 cm, **G 2:** 17 cm GH für die Armausschnitte beidseitig in jeder 2. R abn wie folgt: **G 1:** 1 x 3 M, 2 x 2 M, 1 x 1 M, **G 2:** 2 x 3 M, 1 x 2 M, 2 x 1 M. Die restl **G 1:** 47 M, **G 2:** 53 M stilllegen.

Linke Rückenteilhälfte: **G 1:** 44 M, **G 2:** 49 M anschl und 1,5 cm im Rippenmuster 1/1 str. Glatt rechts weiterstr und an der linken Seite mit 2 M Randabstand wie beim Vorderteil abn (= **G 1:** 37 M, **G 2:** 42 M). In **G 1:** 15 cm, **G 2:** 17 cm GH an der linken Seite für den Armausschnitt wie beim Vorderteil abn und die restl **G 1:** 29 M, **G 2:** 32 M stilllegen.
Die **rechte Rückenteilhälfte** gegengleich arbeiten.

Ärmel: **G 1:** 44 M, **G 2:** 48 M anschl und 1,5 cm im Rippenmuster 1/1 str. Glatt rechts weiterstr, dabei beidseitig mit 2 M Randabstand zun (aus dem Querfaden) wie folgt: **G 1:** in der 11. R 1 M, dann in jeder 10. R 2 x 1 M zun, **G 2:** in der 11. R 1 M, dann in der folg 10. R 1 x 1 M und in jeder 8. R 2 x 1 M zun (= **G 1:** 50 M, **G 2:** 56 M). In **G 1:** 11 cm, **G 2:** 13 cm GH beidseitig für die Ärmelrundung wie beim Vorderteil abn. Die restl **G 1:** 34 M, **G 2:** 36 M stilllegen.

Einsatz: Die stillgelegten **G 1:** 29 M, **G 2:** 32 M der linken Rückenteilhälfte aufn, dabei 1 M an der linken Seite abk, die stillgelegten **G 1:** 34 M, **G 2:** 36 M eines Ärmels aufn, dabei an beiden Seiten 1 M abk, die stillgelegten **G 1:** 47 M, **G 2:** 53 M des Vorderteils aufn, dabei an beiden Seiten 1 M abk, die stillgelegten **G 1:** 34 M, **G 2:** 36 M des zweiten Ärmels aufn, dabei an beiden Seiten 1 M abk, die stillgelegten **G 1:** 29 M, **G 2:** 32 M der rechten Rückenteilhälfte aufn, dabei die 1. M abk. In der folg Rück-R li M str, dabei bei **G 2:** beidseitig 1 M zun (= **G 1:** 165 M, **G 2:** 183 M).
Im Rippenmuster 3/3 weiterstr, dabei mit 3 M re beginnen und enden.
In 1,5 cm GH in jeder Gruppe von li M 1 M abn und im Rippenmuster 3/2 weiterstr (= **G 1:** 138 M, **G 2:** 153 M).
In 3 cm GH in jeder Gruppe von li M 1 M abn und im Rippenmuster 3/1 weiterstr (= **G 1:** 111 M, **G 2:** 123 M).
In 6 cm GH in jeder Gruppe von 3 re M jeweils 2 M re zusstr, außer der ersten und der letzten Gruppe, und über alle M im Rippenmuster 1/1 weiterstr (= **G 1:** 59 M, **G 2:** 65 M).
In 9 cm GH alle M mustergemäß abk.

Fertigstellung: Die Ärmel entlang der Raglanschrägen an die Rückenteile und an das Vorderteil nähen. Die Seiten- und Ärmelnähte schließen.
Über die Seitenkanten der Rückenteilhälften 1 R Kett-M, 1 R f M und 1 R Pikots wie folgt häkeln: *1 fe M, 3 Lftm, 2 f M übergehen, ab * wdh. Die Lftm-Bögen werden als Knopflöcher genutzt.
Die Knöpfe an das Rückenteil nähen.

EXPERTENTIPP
Ist die Fertigstellung des Jäckchens abgeschlossen, nähen Sie die fünf Knöpfe mit dem Strickgarn oder mit einem transparenten Faden an die Rückenteilhälfte.

Pulli mit Kreuzstich

Fotos Seite 34, 35 und 36

G 1: 0–3 Monate, **G 2:** 6–9 Monate, **G 3:** 12–18 Monate

Material
Strickgarn 100 % Wolle – Blau, Grau, Braun: jeweils 1 Knäuel jeder Farbe für G 1 und G 2, 2 Knäuel jeder Farbe für G 3
Stricknadeln Nr. 4
Knöpfe: 5 für G 1 und G 2, 6 für G 3

Strickmuster: kraus rechts, glatt rechts.
Am R-Beginn 1 M mit 2 M Randabstand abnehmen: 2 M str, 1 einf Ü.
Am R-Ende 1 M mit 2 M Randabstand abnehmen: 2 M re zusstr, 2 M str.
Am R-Beginn 2 M mit 2 M Randabstand abnehmen: 2 M str, 1 dopp Ü.
Am R-Ende 2 M mit 2 M Randabstand abnehmen: 3 M re zusstr, 2 M str.
Sticken: Kreuzstich
Maschenprobe: 24 M und 32 R mit Nadeln Nr. 4 glatt re gestrickt = 10 x 10 cm

Vorderteil: In Braun **G 1:** 62 M, **G 2:** 68 M, **G 3:** 72 M anschl und 4 R kraus rechts str. In Grau glatt re weiterstr, dabei beidseitig mit 2 M Randabstand wie folgt abn: **G 1:** in der folg 10. R 1 x 1 M und in jeder 8. R 3 x 1 M, **G 2:** in jeder 10. R 4 x 1 M, **G 3:** in jeder 12. R 3 x 1 M und in der folg 10. R 1 x 1 M (= **G 1:** 54 M, **G 2:** 60 M, **G 3:** 64 M).
Gleichzeitig in **G 1:** 7 cm, **G 2:** 8 cm, **G 3:** 9 cm GH in Blau glatt rechts weiterstr.
In **G 1:** 13 cm, **G 2:** 15 cm, **G 3:** 17 cm GH für die Armausschnitte beidseitig in jeder 2. R 1 x 2 M und mit 2 M Randabstand 1 x 2 M, 1 x 1 M abn = (**G 1:** 44 M, **G 2:** 50 M, **G 3:** 54 M).
Gleichzeitig in **G 1:** 14 cm, **G 2:** 16 cm, **G 3:** 18 cm GH in Braun glatt rechts weiterstr.
In **G 1:** 19 cm, **G 2:** 22 cm, **G 3:** 24 cm GH für den Halsausschnitt die mittleren **G 1, G 3:** 10 M, **G 2:** 12 M abk und beide Seiten separat beenden. Am Halsausschnitt in jeder 2. R **G 1, G 2:** 1 x 3 M, 1 x 2 M und 2 x 1 M abn, **G 3:** 1 x 3 M, 1 x 2 M und 4 x 1 M abn.
In **G 1:** 23 cm, **G 2:** 26 cm, **G 3:** 29 cm GH für die Schultern die restl **G 1:** 10 M, **G 2:** 12 M, **G 3:** 13 M abk.

Linke Rückenteilhälfte: In Braun **G 1:** 30 M, **G 2:** 32 M, **G 3:** 34 M anschl und 4 R kraus rechts str. In Grau glatt rechts weiterstr, dabei an der linken Seite wie beim Vorderteil abn (= **G 1:** 26 M, **G 2:** 28 M, **G 3:** 30 M).
Gleichzeitig in **G 1:** 7 cm, **G 2:** 8 cm, **G 3:** 9 cm GH in Blau glatt rechts weiterstr.
In **G 1:** 13 cm, **G 2:** 15 cm, **G 3:** 17 cm GH an der linken Seite für den Armausschnitt wie beim Vorderteil abn = (**G 1:** 21 M, **G 2:** 23 M, **G 3:** 25 M).
Gleichzeitig in **G 1:** 14 cm, **G 2:** 16 cm, **G 3:** 18 cm GH in Braun glatt rechts weiterstr.
In **G 1:** 22 cm, **G 2:** 25 cm, **G 3:** 28 cm GH an der rechten Seite für den Halsausschnitt in jeder 2. R: **G 1, G 2:** 1 x 8 M und 1 x 3 M abn, **G 3:** 1 x 9 M und 1 x 3 M abn.
In **G 1:** 23 cm, **G 2:** 26 cm, **G 3:** 29 cm GH für die Schultern die restl **G 1:** 10 M, **G 2:** 12 M, **G 3:** 13 M abk.
Die **rechte Rückenteilhälfte** gegengleich arbeiten.

Ärmel: In Braun **G 1:** 34 M, **G 2:** 38 M, **G 3:** 42 M anschl und 4 R kraus rechts str. In Grau glatt rechts weiterstr, dabei beidseitig zun wie folgt: **G 1:** in jeder 6. R 6 x 1 M und in der folg 4. R 1 x 1 , **G 2:** in jeder 8. R 4 x 1 M und in jeder 6. R 3 x 1 M, **G 3:** in jeder 8. R 7 x 1 M und in der folg 6. R 1 x 1 M = (**G 1:** 48 M, **G 2:** 52 M, **G 3:** 58 M).

Gleichzeitig in **G 1:** 6 cm, **G 2:** 7 cm, **G 3:** 8 cm GH in Blau glatt rechts weiterstr.
In **G 1:** 12 cm, **G 2:** 14 cm, **G 3:** 16 cm GH in Braun glatt rechts weiterstr.
In **G 1:** 15 cm, **G 2:** 18 cm, **G 3:** 22 cm GH beidseitig für die Ärmelrundung in jeder 2. R 5 x 1 M abn und die restl **G 1:** 38 M, **G 2:** 42 M, **G 3:** 48 M abk.

Fertigstellung: Die Rückenteilhälften, das Vorderteil und die Ärmel wie folgt besticken: 1 R Kreuzstiche, bei jeder 2. M über 2 M und 2 R, die 1. R zwischen Grau und Blau, die 2. R zwischen Blau und Braun.
Eine Schulternaht schließen.
In Braun rund um den Halsausschnitt **G 1:** 60 M, **G 2:** 66 M, **G 3:** 72 M aufn und 6 R kraus rechts str. Die M abk.
Entlang der Seitenkanten der Rückenteile in Braun **G 1:** 56 M, **G 2:** 64 M, **G 3:** 72 M aufn und 6 R kraus rechts str, dabei an der linken Rückenteilhälfte **G 1, G 2:** 5 Knopflöcher, **G 3:** 6 Knopflöcher arbeiten (2 M abk und in der folg R 2 M wieder neu anschl), das erste und das letzte in 1 cm Abstand zur oberen und unteren Kante; **G 1, G 2:** 3 weitere, **G 3:** 4 weitere in regelmäßigem Abstand zueinander. Alle M abk.
Die zweite Schulternaht schließen.
Die Seiten- und Ärmelnähte schließen, die Ärmel einsetzen und die Knöpfe annähen.

Asymmetrisches Jäckchen

Foto Seite 48, Variante Seite 49

G 1: 0–3 Monate, **G 2:** 6–9 Monate, **G 3:** 12–18 Monate

Material
Strickgarn 100 % Wolle – Beige: 2 Knäuel für alle Größen – **Mahagoni, Graublau, Grün, Braun:** jeweils 1 Knäuel in jeder Farbe für alle Größen
Stricknadeln Nr. 3, Häkelnadel Nr. 2,5
Knöpfe: 2 für alle Größen

Strick- und Häkelmuster: kraus rechts, glatt rechts, Rippenmuster 2/2, Kett-M, fe M, Krebs-M
Von * bis * so oft wdh, wie angegeben, oder bis zum Ende der Reihe.
Streifenmuster in kraus rechts:
* 2 R in Blaugrau, 2 R in Beige, 2 R in Grün, 2 R in Beige, 2 R in Braun, 2 R in Beige, 2 R in Mahagoni, 2 R in Beige *.
Maschenprobe: 29 M und 37 R mit Nadeln Nr. 3 glatt rechts gestrickt = 10 x 10 cm

Rückenteil: In Beige **G 1:** 80 M, **G 2:** 86 M, **G 3:** 92 M anschl, 4 R kraus rechts str und im Streifenmuster in kraus rechts weiterstr. Dabei beidseitig abn wie folgt: **G 1:** in jeder 14. R 2 x 1 M und in jeder 12. R 3 x 1 M, **G 2:** in jeder 16. R 3 x 1 M und in jeder 14. R 2 x 1 M, **G 3:** in jeder 18. R 4 x 1 M und in der folg 16. R 1 x 1 M (= **G 1:** 70 M, **G 2:** 76 M, **G 3:** 82 M).
In **G 1:** 13 cm, **G 2:** 15 cm, **G 3:** 17 cm GH für die Armausschnitt beidseitig in jeder 2. R: 1 x 3 M, 1 x 2 M und 3 x 1 M abn (= **G 1:** 54 M, **G 2:** 60 M, **G 3:** 66 M).
In **G 1:** 23 cm, **G 2:** 26 cm, **G 3:** 29 cm GH für die Schulterschräge in jeder 2. R abn wie folgt: **G 1:** 1 x 5 M, 2 x 4 M, **G 2:** 3 x 5 M, **G 3:** 2 x 6 M, 1 x 5 M.
Gleichzeitig für den Halsausschnitt die mittleren **G 1:** 18 M, **G 2:** 20 M, **G 3:** 22 M abk und beide Seiten separat beenden. Am Halsausschnitt nach 2 R noch 1 x 5 M abn.

Rechte Vorderteilhälfte: Mit Nadeln Nr. 3 in Beige **G 1:** 33 M, **G 2:** 36 M, **G 3:** 39 M anschl, 4 R kraus rechts str und im Streifenmuster in kraus rechts weiterstr, dabei an der linken Seite wie beim Rückenteil abn (= **G 1:** 28 M, **G 2:** 31 M, **G 3:** 34 M).
In **G 1:** 13 cm, **G 2:** 15 cm, **G 3:** 17 cm GH an der linken Seite für den Armausschnitt wie beim Rückenteil abn (= **G 1:** 20 M, **G 2:** 23 M, **G 3:** 26 M).
In **G 1:** 19 cm, **G 2:** 22 cm, **G 3:** 25 cm GH an der rechten Seite für den Halsausschnitt abn wie folgt: **G 1:** 1 x 2 M und in jeder 4. R 5 x 1 M, **G 2:** 1 x 2 M und in jeder 2. R 2 x 1 M und in jeder 4. R 4 x 1 M, **G 3:** in jeder 2. R 1 x 2 M, 1 x 1 M und in jeder 4. R 4 x 1 M.
In **G 1:** 23 cm, **G 2:** 26 cm, **G 3:** 29 cm GH für die Schulterschräge in jeder 2. R abn wie folgt: **G 1:** 1 x 5 M, 2 x 4 M, **G 2:** 3 x 5 M, **G 3:** 2 x 6 M und 1 x 5 M.

Linke Vorderteilhälfte: In Beige **G 1:** 42 M, **G 2:** 45 M, **G 3:** 48 M anschl, 4 R kraus rechts str und im Streifenmuster in kraus rechts weiterstr, dabei an der rechten Seite wie beim Rückenteil abn.
Gleichzeitig an der linken Seite zun wie folgt: **G 1:** in jeder 8. R 12 x 1 M, in jeder 6. R 5 x 1 M, **G 2:** in jeder 8. R 18 x 1 M, **G 3:** in jeder 10. R 3 x 1 M und in jeder 8. R 16 x 1 M.
Gleichzeitig in **G 1:** 13 cm, **G 2:** 15 cm, **G 3:** 17 cm GH an der rechten Seite für den Armausschnitt wie beim Rückenteil abn.
In **G 1:** 19 cm, **G 2:** 22 cm, **G 3:** 25 cm GH **G 1:** 23 M, **G 2:** 25 M, **G 3:** 27 M str, dann für den Halsausschnitt **G 1:** 8 M, **G 2:** 10 M, **G 3:** 12 M abk und beide Seiten getrennt beenden. Am Halsausschnitt in jeder 2. R noch 1 x 3 M, 1 x 2 M, 2 x 1 M und in jeder 4. R 3 x 1 M abn.
In **G 1:** 23 cm, **G 2:** 26 cm, **G 3:** 29 cm GH für die Schulterschräge in jeder 2. R abn wie folgt: **G 1:** 1 x 5 M, 2 x 4 M, **G 2:** 3 x 5 M, **G 3:** 2 x 6 M, 1 x 5 M. Dann die restl 5 M an der linken Seite abk.

Ärmel: In Beige **G 1:** 40 M, **G 2:** 42 M, **G 3:** 44 M anschl, 4 R kraus rechts str und im Streifenmuster kraus rechts weiterstr, dabei beidseitig zun wie folgt: **G 1:** in jeder 8. R 5 x 1 M, in jeder 6. R 5 x 1 M, **G 2:** in jeder 8. R 8 x 1 M, in jeder 6. R 4 x 1 M, **G 3:** in jeder 8. R 13 x 1 M, in der folg 6. R 1 x 1 M (= **G 1:** 60 M, **G 2:** 66 M, **G 3:** 72 M).
In **G 1:** 14 cm, **G 2:** 17 cm, **G 3:** 21 cm GH für die Ärmelrundung in jeder 2. R 1 x 3 M, 2 x 2 M, 7 x 1 M und 1 x 2 M abn. Dann die restl **G 1:** 28 M, **G 2:** 34 M, **G 3:** 40 M abk.

Fertigstellung: Die Schulternähte schließen.
In Beige rund um den Halsausschnitt **G 1:** 87 M, **G 2:** 97 M, **G 3:** 107 M aufn und 6 R kraus rechts str, dabei an der linken Vorderteilhälfte mit 3 M Randabstand 2 Knopflöcher arbeiten (4 M abk, in der folg R 4 M wieder neu anschl). In der 6. R alle M abk.
Entlang der Seitenkante der linken Vorderteilhälfte mit der Häkelnadel in Beige 1 R f M und 1 R Kett-M häkeln. Über die letzte R 1 R Krebs-M häkeln, dabei in die hinteren Maschenglieder einstechen.
Entlang der Seitenkante der rechten Vorderteilhälfte 1 R f M häkeln.
Die Seiten- und Ärmelnähte schließen. Die Ärmel einsetzen.
Die Knöpfe annähen.

VARIANTE
Material
Strickgarn 100 % Wolle
– **Anthrazit:** 2 Knäuel für alle Größen
– **Altrosa, Grau, Schwarz, Blaugrau:** jeweils 1 Knäuel für alle Größen

Wickeljäckchen

Fotos Seite 28 und 29

G 1: 0–3 Monate, **G 2:** 3 Monate, **G 3:** 6 Monate

Material
Strickgarn 100 % Wolle – Schwarz: 2 Knäuel für G 1, 3 Knäuel für G 2, 4 Knäuel für G 3
Stricknadeln Nr. 2,5 und 3
Maschenraffer
Knöpfe: 4 für alle Größen

Strickmuster: kraus rechts, Rippenmuster 1/1, glatt rechts.
Am R-Beginn 1 M mit 2 M Randabstand abn: 2 M kraus rechts, 2 M re zusstr, am R-Ende: 2 M re zusstr, 2 M kraus rechts str.
Am R-Beginn 2 M mit 2 M Randabstand abnehmen: 2 M kraus rechts str, 3 M re zusstr, am R-Ende: 3 M re zusstr, 2 M kraus rechts.
Zunahmen aus dem Querfaden: Unter dem Faden zwischen 2 M einstechen und re verschr abstricken.
Maschenprobe: 31 M und 58 R mit Nadeln Nr. 3 kraus rechts gestrickt = 10 x 10 cm

Rücken- und Vorderteil: Das Jäckchen wird in einem Stück gearbeitet, man beginnt am rechten Ärmel. Mit Nadeln Nr. 2,5 **G 1:** 52 M, **G 2:** 58 M, **G 3:** 64 M anschl und im Rippenmuster 1/1 str.
In 2 cm GH mit Nadeln Nr. 3 kraus rechts weiterstr, dabei beidseitig zun wie folgt: **G 1:** in jeder 12. R 5 x 1 M, **G 2:** in jeder 14. R 5 x 1 M, **G 3:** in jeder 16. R 5 x 1 M (= **G 1:** 62 M, **G 2:** 68 M, **G 3:** 74 M).
In **G 1:** 14 cm, **G 2:** 16 cm, **G 3:** 18 cm GH an der rechten Seite für das Vorderteil **G 1:** 37 M, **G 2:** 43 M, **G 3:** 49 M, an der linken Seite für das Rückenteil **G 1:** 37 M, **G 2:** 43 M, **G 3:** 49 M zun (= **G 1:** 136 M, **G 2:** 154 M, **G 3:** 172 M).
In **G 1:** 20 cm, **G 2:** 23 cm, **G 3:** 26 cm GH in folg Mustereinteilung weiterstr: **G 1:** 28 M kraus rechts, 14 M glatt rechts, 94 M kraus rechts, **G 2:** 34 M kraus rechts, 14 M glatt rechts, 106 M kraus rechts, **G 3:** 40 M kraus rechts, 14 M glatt rechts, 118 M kraus rechts.
In **G 1:** 23 cm, **G 2:** 26 cm, **G 3:** 29 cm GH an der rechten Seite die **G 1:** 68 M, **G 2:** 77 M, **G 3:** 86 M des Vorderteils stilllegen.
Über die **G 1:** 68 M, **G 2:** 77 M, **G 3:** 86 M des Rückenteils weiterstr und in **G 1:** 29 cm, **G 2:** 32,5 cm, **G 3:** 36 cm GH für den Halsausschnitt diese M stilllegen.
Die stillgelegten **G 1:** 68 M, **G 2:** 77 M, **G 3:** 86 M des Vorderteils wieder aufn und für die Schräge am rechten Vorderteil an der linken Seite **G 1:** 6 M, **G 2, G 3:** 7 M abn, dann mit 2 M Randabstand in jeder 2. R abn wie folgt: **G 1:** 6 x abwechselnd 2 M und 1 M, 19 x 1 M, **G 2:** 20 x abwechselnd 2 M und 1 M, 6 x 1 M, **G 3:** 9 x 2 M, 18 x abwechselnd 2 M und 1 M.
In **G 1:** 24 cm, **G 2:** 27 cm, **G 3:** 30 cm GH an der rechten Seite über alle M kraus rechts str, dabei mit 2 M Randabstand in der folg 4. R 1 x 1 M, in jeder 2. R 21 x 1 M abn und dann die restl 12 M abk.
Gleichzeitig in **G 1:** 31 cm, **G 2:** 34 cm, **G 3:** 37 cm GH 1 cm von jeder Seitenkante entfernt 2 Knopflöcher arbeiten (2 M abk, in der folg R 2 M wieder neu anschl).

Schräge der linken Vorderteilhälfte: Mit Nadeln Nr. 3 12 M anschl, kraus rechts str und an der rechten Seite mit 2 M Randabstand zun wie folgt: in jeder 2. R 21 x 1 M, nach 4 R 1 x 1 M, an der linken Seite in jeder 2. R mit 2 M Randabstand **G 1:** 19 x 1 M, 6 x abwechselnd 1 M und 2 M, 1 x 6 M, **G 2:** 6 x 1 M, 20 x abwechselnd 2 M und 1 M, 1 x 7 M, **G 3:** 18 x abwechselnd 2 M und 1 M, 9 x 2 M, 1 x 7 M (= **G 1:** 68 M, **G 2:** 77 M, **G 3:** 86 M).

Gleichzeitig in der 5. R mit 1 cm Abstand zu den Seitenkanten 2 Knopflöcher arbeiten (2 M abk und in der folg R 2 M wieder neu anschl).
In der **G 1:** 52. R, **G 2:** 54. R, **G 3:** 56. R an der linken Seite die **G 1:** 68 M, **G 2:** 77 M, **G 3:** 86 M des Rückenteils wieder aufn (= **G 1:** 136 M, **G 2:** 154 M, **G 3:** 172 M).

In **G 1:** 38 cm, **G 2:** 42 cm, **G 3:** 46 cm GH beidseitig **G 1:** 37 M, **G 2:** 43 M, **G 3:** 49 M abk und über die restl **G 1:** 62 M, **G 2:** 68 M, **G 3:** 74 M für den linken Ärmel weiterstr, dabei beidseitig abn wie folgt: **G 1:** in jeder 12. R 5 x 1 M, **G 2:** in jeder 14. R 5 x 1 M, **G 3:** in jeder 16. R 5 x 1 M (= **G 1:** 52 M, **G 2:** 58 M, **G 3:** 64 M).
In **G 1:** 50 cm, **G 2:** 56 cm, **G 3:** 62 cm GH mit Nadeln Nr. 2,5 6 R im Rippenmuster 1/1 str, dann alle M abk.

Fertigstellung: Die Seiten- und Ärmelnähte schließen.
Die Knöpfe passend zu den Knopflöchern annähen.

Pulli im Fantasiemuster

Fotos Seite 52 und 53

G 1: 0–3 Monate, **G 2:** 6–9 Monate, **G 3:** 12–18 Monate

Material
Strickgarn 50 % Wolle/50 % Polyacryl
– Grau: 4 Knäuel für G 1, 5 Knäuel für G 2 und G 3
Stricknadeln Nr. 2,5 und 3,5
Knöpfe: 6 für alle Größen

Strickmuster: kraus rechts, Fantasiemuster (siehe Strickschrift)
Maschenprobe: 25 M und 36 R mit Nadeln Nr. 3,5 im Fantasiemuster gestrickt = 10 x 10 cm

Rückenteil: Mit Nadeln Nr. 3,5 **G 1:** 60 M, **G 2:** 68 M, **G 3:** 76 M anschl und 6 R kraus rechts str. Im Fantasiemuster weiterarbeiten, dabei mit der **G 1:** 3. M, **G 2:** 5. M, **G 3:** 1. M der Strickschrift beginnen.
In **G 1:** 13 cm, **G 2:** 15 cm, **G 3:** 17 cm GH beidseitig für die Armausschnitte in jeder 2. R abn wie folgt: **G 1:** 2 x 2 M, 1 x 1 M, **G 2:** 3 x 2 M, 1 x 1 M, **G 3:** 4 x 2 M (= **G 1:** 50 M, **G 2:** 54 M, **G 3:** 60 M).
In **G 1:** 21 cm, **G 2:** 24 cm, **G 3:** 27 cm GH für den Halsausschnitt die mittleren **G 1:** 20 M, **G 2:** 24 M, **G 3:** 26 M abk und beide Seiten separat beenden. Am Halsausschnitt in der folg 2. R noch 1 x 3 M abn.
In **G 1:** 24 cm, **G 2:** 27 cm, **G 3:** 30 cm GH die restl **G 1, G 2:** 12 M, **G 3:** 14 M für die rechte Schulter abk. Bei der linken Schulter für die Knopflochblende noch 2 cm weiter hochstr, dabei 2 Knopflöcher arbeiten (2 M zusstr, 1 U), das erste mit **G 1, G 2:** 2 M, **G 3:** 3 M Abstand zur Außenseite, das zweite im Abstand von **G 1, G 2:** 3 M, **G 3:** 4 M zum ersten.

Vorderteil: Wie das Rückenteil beginnen.
In **G 1:** 19 cm, **G 2:** 22 cm, **G 3:** 25 cm GH für den Halsausschnitt die mittleren **G 1:** 8 M, **G 2, G 3:** 12 M abk und beide Seiten separat beenden. Am Halsausschnitt in jeder 2. R noch 2 x 3 M, 1 x 2 M, 1 x 1 M abn.
In **G 1:** 24 cm, **G 2:** 27 cm, **G 3:** 30 cm GH die restl **G 1, G 2:** 12 M, **G 3:** 14 M für die Schultern abk.

Ärmel: Mit Nadeln Nr. 3,5 **G 1, G 2:** 36 M, **G 3:** 40 M anschl und 6 R kraus rechts str. Im Fantasiemuster weiterstr, dabei mit der **G 1, G 2:** 3. M, **G 3:** 1. M der Strickschrift beginnen und in der 5. R beidseitig 1 M zun, dann weiter zun wie folgt: **G 1:** in jeder 4. R 8 x 1 M, **G 2:** in jeder 4. R 9 x 1 M und in jeder 2. R 2 x 1 M, **G 3:** in jeder 4. R 11 x 1 M (= **G 1:** 54 M, **G 2:** 60 M, **G 3:** 64 M).

In **G 1:** 14 cm, **G 2:** 16,5 cm, **G 3:** 19 cm GH für die Ärmelrundung beidseitig in jeder 2. R abn wie folgt: **G 1:** 3 x 3 M, 3 x 2 M, **G 2:** 6 x 3 M, **G 3:** 2 x 4 M, 2 x 3 M, 3 x 2 M. Anschließend die restl 24 M abk.

Fertigstellung: Mit Nadeln Nr. 2,5 am Halsausschnitt des Rückenteils **G 1:** 40 M, **G 2:** 44 M, **G 3:** 46 M aufn und 6 R kraus rechts str. Dann die M abk. Am Halsausschnitt des Vorderteils **G 1:** 46 M, **G 2:** 50 M, **G 3:** 52 M aufn und 6 R kraus rechts str.
An den Schultern soll die Blende des Rückenteils über dem Vorderteil liegen, dazu die Blende des Rückenteils etwa 1 cm über die linke Schulter des Vorderteils legen und dann die Ärmel entsprechend einsetzen.
Die Seiten- und Ärmelnähte schließen. Die Knöpfe annähen.

Fantasiemuster

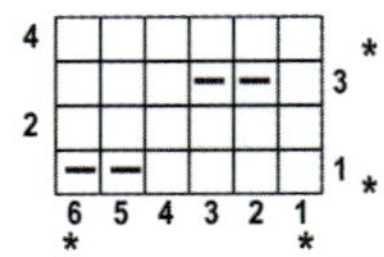

* * Von * bis * wdh

☐ = in Hin-R 1 M re, in Rück-R 1 M li

— = in Hin-R 1 M li, in Rück-R 1 M re

Streifenpulli

Foto Seite 62, Variante Seite 24 und 25

G 1: 0–3 Monate, **G 2:** 6–9 Monate, **G 3:** 12 Monate

Material
Strickgarn 100 % Wolle – Rot: 1 Knäuel für G 1 und G 2, 2 Knäuel für G 3 – **Saphirblau:** 1 Knäuel für alle Größen
Stricknadeln Nr. 3
Knöpfe: 4 für G 1 und G 2, 6 für G 3

Strickmuster: glatt rechts, kraus rechts.
Von * bis * so oft wdh, wie angegeben, oder bis zum Ende der Reihe.
Streifenmuster in glatt rechts: * 2 R in Saphirblau, 4 R in Rot *.
Maschenprobe: 29 M und 38 R mit Nadeln Nr. 3 glatt rechts gestrickt = 10 x 10 cm

Rückenteil: In Rot **G 1:** 66 M, **G 2:** 76 M, **G 3:** 84 M anschl und 4 R kraus rechts str. Dann glatt rechts weiterstr. In 4 cm GH im Streifenmuster glatt rechts weiterstr.
In **G 1:** 10 cm, **G 2:** 11 cm, **G 3:** 12 cm GH beidseitig für die Armausschnitte in jeder 2. R: **G 1:** 2 x 2 M und 2 x 1 M, **G 2:** 1 x 3 M, 1 x 2 M und 3 x 1 M, **G 3:** 1 x 3 M, 2 x 2 M und 2 x 1 M abn (= **G 1:** 54 M, **G 2:** 60 M, **G 3:** 66 M).
In **G 1:** 15 cm, **G 2:** 17 cm, **G 3:** 19 cm GH in Rot weiterstr.
In **G 1:** 18 cm, **G 2:** 20 cm, **G 3:** 22 cm GH für den Halsausschnitt die mittleren **G 1:** 20 M, **G 2:** 22 M, **G 3:** 26 M abk und beide Seiten separat beenden. Am Halsausschnitt weiter in jeder 2. R 1 x 4 M und 1 x 3 M abn. Dann die restl **G 1:** 10 M, **G 2:** 12 M, **G 3:** 13 M für die Schultern abk.

Vorderteil: Wie das Rückenteil beginnen.
In **G 1:** 17 cm, **G 2:** 19 cm, **G 3:** 21 cm GH für den Halsausschnitt die mittleren **G 1:** 14 M, **G 2:** 16 M, **G 3:** 18 M abk und beide Seiten separat beenden. Am Halsausschnitt in jeder 2. R noch **G 1, G 2:** 2 x 4 M und 1 x 2 M, **G 3:** 3 x 3 M und 1 x 2 M abn.
In **G 1:** 19 cm, **G 2:** 21 cm, **G 3:** 23 cm GH an jeder Schulter 2 Knopflöcher (1 U, 2 M zusstr) wie folgt arbeiten: das erste mit **G 1:** 2 M, **G 2, G 3:** 3 M Randabstand, das folgende **G 1, G 2:** 2 M, **G 3:** 3 M vom ersten entfernt.

Ärmel: In Rot **G 1:** 40 M, **G 2:** 42 M, **G 3:** 46 M anschl und 4 R kraus rechts str. Glatt rechts weiterstr, dabei beidseitig zun wie folgt: **G 1:** in jeder 6. R 6 x 1 M, in jeder 4. R 3 x 1 M, **G 2:** in jeder 6. R 6 x 1 M, in jeder 4. R 5 x 1 M, **G 3:** in jeder 6. R 8 x 1 M, in jeder 4. R 4 x 1 M (= **G 1:** 58 M, **G 2:** 64 M, **G 3:** 70 M).
Gleichzeitig in 4 cm GH im Streifenmuster glatt rechts beginnen.
In **G 1:** 15 cm, **G 2:** 17 cm, **G 3:** 19 cm GH für die Ärmelrundung beidseitig in jeder 2. R **G 1, G 2:** 3 x 2 M und 3 x 1 M, **G 3:** 1 x 2 M und 7 x 1 M abn, dann die restl **G 1:** 40 M, **G 2:** 46 M, **G 3:** 52 M abk.

Fertigstellung: In Saphirblau an den Schultern und am Halsausschnitt des Rückenteils **G 1:** 48 M, **G 2:** 58 M, **G 3:** 68 M aufn und 3 R kraus rechts str, alle M abk.
In Saphirblau an den Schultern und am Halsausschnitt des Vorderteils **G 1:** 54 M, **G 2:** 64 M, **G 3:** 74 M aufn, 3 R kraus str und alle M abk.
Die Seiten- und Ärmelnähte schließen. Die Ärmel einsetzen.
Die Knöpfe annähen.

Variante
Material
Strickgarn 100 % Wolle
- Grün: 1 Knäuel für G 1 und G 2, 2 Knäuel für G 3
- Grau: 1 Knäuel für alle Größen

Mäntelchen

Fotos Seite 16 und 17

G 1: 6–9 Monate, **G 2:** 12–18 Monate

Material
Strickgarn 100 % Wolle, Nadeln Nr. 6 - Erdfarben: 6 Knäuel für G 1, 7 Knäuel für G 2
Strickgarn 100 % Wolle, Nadeln Nr. 3,5 - Erdfarben: 1 Knäuel für alle Größen
Strickgarn 30 % Wolle/20 % Seide/50 % Polyacryl, Häkelnadel Nr. 6 - Mahagonibraun: 1 Knäuel für alle Größen
Stricknadeln Nr. 3,5 und 6,5, Häkelnadel Nr. 6
Reißverschluss: 30 cm für G 1, 32 cm für G 2

Strickmuster: glatt rechts, kraus rechts, Rippenmuster 1/1.
1 M mit 2 M Randabstand abn: am R-Beginn 2 M str, 1 einf Ü, am R-Ende: 2 M re zusstr, 2 M str.
2 M mit 2 M Randabstand abn: am R-Beginn 2 M str, 1 dopp Ü, am R-Ende: 3 M re zusstr, 2 M str.
Maschenproben: 14 M und 18 R mit Nadeln Nr. 6 glatt rechts gestrickt = 10 x 10 cm
15 M und 27 R mit Nadeln Nr. 6 kraus rechts gestrickt = 10 x 10 cm

Rückenteil: Mit Nadeln Nr. 6 in Erdfarben **G 1:** 44 M, **G 2:** 48 M anschl, 10 R kraus rechts str, 3 R glatt rechts, in der folg Rück-R re M str und anschließend glatt rechts weiterstr.
In **G 1:** 16 cm, **G 2:** 18 cm GH für die Raglanschräge bei beiden Größen beidseitig 1 x 3 M abn, dann in jeder 2. R mit 2 M Randabstand abn wie folgt: **G 1:** 11 x 1 M, **G 2:** 1 x 2 M, 11 x 1 M. Die restl 16 M für den Halsausschnitt abk.

Rechte Vorderteilhälfte: Mit Nadeln Nr. 6 in Erdfarben **G 1:** 24 M, **G 2:** 26 M anschl, 10 R kraus rechts str (die M an der Mittelseite der Jacke über die gesamte Höhe kraus rechts str), 3 R glatt rechts, in der folg Rück-R re M str und dann glatt rechts weiterstr.
In 6 cm GH mit dem Schlitz für den Tascheneingriff beginnen und die Arbeit teilen: Über die ersten **G 1:** 13 M, **G 2:** 14 M über **G 1:** 6 cm, **G 2:** 7 cm arbeiten, dann über die folg **G 1:** 11 M, **G 2:** 12 M weiterstr und schließlich wieder über alle **G 1:** 24 M, **G 2:** 26 M arbeiten.
In **G 1:** 16 cm, **G 2:** 18 cm GH an der linken Seite für die Raglanschräge bei beiden Größen 1 x 3 M abn, dann in jeder 2. R mit 2 M Randabstand abn wie folgt: **G 1:** 10 x 1 M, **G 2:** 1 x 2 M, 10 x 1 M.
Gleichzeitig mit den letzten 3 Abnahmen an der rechten Seite für den Halsausschnitt bei beiden Größen in jeder 2. R mit 1 M Randabstand 1 x 4 M, 1 x 3 M und 1 x 2 M abn. Die restl 2 M abk.
Linke Vorderteilhälfte: Gegengleich zur rechten Vorderteilhälfte arbeiten.

Rechter Ärmel: Mit Nadeln Nr. 6 in Erdfarben **G 1:** 27 M, **G 2:** 29 M anschl und 10 R kraus rechts str. Dann * 3 R glatt rechts, in der folg Rück-R re M str *; von * bis * 2 x wdh, dann glatt rechts weiterstr.
Gleichzeitig in der 15. R beidseitig 1 M zun, dann weiter zun wie folgt: **G 1:** in jeder 4. R 4 x 1 M, **G 2:** in jeder 6. R 2 x 1 M und in jeder 4. R 2 x 1 M (= **G 1:** 37 M, **G 2:** 39 M).
In **G 1:** 14 cm, **G 2:** 17 cm GH beidseitig für die Raglanschräge bei beiden Größen 1 x 3 M abn, dann mit 2 M Randabstand in jeder 2. R abn wie folgt: an der rechten Seite **G 1:** 9 x 1 M, **G 2:** 10 x 1 M, an der linken Seite: **G 1:** 11 x 1 M, **G 2:** 12 x 1 M, bei beiden Größen nach der letzten Abnahme an der rechten Seite für die Rundung am Halsausschnitt 1 M abn und dann in jeder 2. R 2 x 3 M und 1 x 5 M abn.
Linker Ärmel: Gegengleich zum rechten Ärmel arbeiten.

Taschenbeutel: Mit Nadeln Nr. 3,5 in Erdfarben **G 1:** 22 M, **G 2:** 25 M anschl und glatt rechts str. In **G 1:** 5 cm, **G 2:** 6 cm GH alle M abk.
Einen zweiten Taschenbeutel gleich str.

Kragen: Mit Nadeln Nr. 6 in Erdfarben 15 M anschl und kraus rechts str. In 32 cm GH alle M abk.

Fertigstellung: Entlang der Schlitze für die Taschen mit Nadeln Nr. 6 in Erdfarben **G 1:** 15 M, **G 2:** 17 M aufn und 3 cm im Rippenmuster 1/1 str. Alle M abk. Den Taschenbeutel mit der Anschlags-R an die andere Seite des Schlitzes platzieren und an dieser Seite mit unsichtbaren Stichen annähen, dann den Taschenbeutel rundherum annähen. Auf die gleiche Weise mit dem anderen Vorderteil verfahren.
Das Rückenteil und die Vorderteile an den Raglanschrägen an die Ärmel nähen. Die Seiten- und Ärmelnähte schließen. Den Kragen rechts auf rechts rund um den Halsausschnitt stecken und mit unsichtbaren Stichen annähen.
Unten am Mantel über die ersten der 3 glatt rechten R in Mahagonibraun Kett-M häkeln.
An den Ärmeln ebenfalls bei jeder Gruppe von 3 glatt rechten R Kett-M häkeln.
Den Reißverschluss einnähen.

Marineblauer Mantel

Fotos Seite 62 und 63

G 1: 3 - 6 Monate, **G 2:** 9 - 12 Monate

Material **Strickgarn 100 % Wolle – Marineblau:** 8 Knäuel für G 1, 9 Knäuel für G 2 **Stricknadeln Nr. 6** **Knöpfe:** 3 für alle Größen	**Strickmuster:** kraus rechts **Maschenprobe:** 15 M und 28 R mit Nadeln Nr. 6 kraus rechts gestrickt = 10 x 10 cm

Rückenteil: G 1: 52 M, **G 2:** 58 M anschl und kraus rechts str, dabei beidseitig mit 2 M Randabstand in jeder 10. R 4 x 1 M und **G 2:** in der folg 8. R 1 x 1 M abn (= **G 1:** 44 M, **G 2:** 48 M).
In **G 1:** 18 cm, **G 2:** 20 cm GH für die Raglanschräge beidseitig in jeder 2. R 1 x 2 M abn, dann mit 2 M Randabstand in jeder 4. R 1 x 1 M, mit 2 M Randabstand in jeder 2. R **G 1:** 14 x 1 M, **G 2:** 15 x 1 M (für 1 Abnahme am R-Beginn 1 einfachen Überzug, am R-Ende 2 M zusstr).
In **G 1:** 30 cm, **G 2:** 33 cm GH die restl **G 1:** 10 M, **G 2:** 12 M abk.

Rechte Vorderteilhälfte: G 1: 30 M, **G 2:** 33 M anschl und kraus rechts str, dabei an der linken Seite wie beim Rückenteil abn (= **G 1:** 26 M, **G 2:** 28 M).
In **G 1:** 18 cm, **G 2:** 20 cm GH an der linken Seite für die Raglanschräge 1 x 2 M abn, dann mit 2 M Randabstand in jeder 2. R **G 1:** 13 x 1 M, **G 2:** 14 x 1 M abn.
Gleichzeitig in **G 1:** 25 cm, **G 2:** 28 cm GH an der rechten Seite für den Halsausschnitt in jeder 2. R 1 x 5 M und dann **G 1:** 1 x 2 M und 2 x 1 M, **G 2:** 1 x 3 M und 2 x 1 M abn. In **G 1:** 28 cm, **G 2:** 31 cm GH die restl 2 M abk.

Linke Vorderteilhälfte: Gegengleich zur rechten Vorderteilhälfte arbeiten, dabei mit 3 M Randabstand 3 Knopflöcher arbeiten (1 M abk, in der folg R 1 M wieder neu anschl): das erste in 10 cm GH, das dritte 2 cm unter dem Halsausschnitt und das zweite mittig dazwischen.

Rechter Ärmel: G 1: 26 M, **G 2:** 28 M anschl und kraus rechts str, dabei beidseitig mit 2 M Randabstand in jeder 6. R **G 1:** 4 x 1 M, **G 2:** 5 x 1 M, dann in beiden Größen noch in jeder 4. R 3 x 1 M zun (= **G 1:** 40 M, **G 2:** 44 M).
In **G 1:** 14 cm, **G 2:** 16 cm GH beidseitig für die Raglanschräge 1 x 2 M abn, dann mit 2 M Randabstand an der linken Seite abwechselnd in jeder 4. und 2. R 4 x 1 M und in jeder 2. R **G 1:** 10 x 1 M, **G 2:** 11 x 1 M abn, an der rechten Seite in jeder 2. R **G 1:** 13 x 1 M, **G 2:** 14 x 1 M abn, anschließend für die Ärmelrundung in jeder 2. R **G 1:** 3 x 2 M und 1 x 3 M, **G 2:** 1 x 2 M und 3 x 3 M abn. Die restl M abk.
Den **linken Ärmel** gegengleich arbeiten.

Tasche: 12 M anschl und kraus rechts str. In 5 cm GH beidseitig mit 1 M Randabstand in jeder 2. R 2 x 1 M abn, dann die restl 8 M abk.
In gleicher Weise eine zweite Tasche anfertigen.

Fertigstellung: Das Rückenteil und die Vorderteile an den Raglanschrägen an die Ärmel nähen. Die Seiten- und Ärmelnähte schließen. Die Taschen auf die Vorderteile nähen, die Knöpfe annähen.
Rund um den Halsausschnitt **G 1:** 45 M, **G 2:** 53 M aufn (am Rückenteil sowie an jeder Ärmelrundung jeweils **G 1:** 9 M, **G 2:** 11 M, **G 1:** 9 M, **G 2:** 10 M an jeder Vorderteilhälfte) und kraus rechts str. In 7 cm GH auf der Rückseite der Arbeit alle M abk.

Warme Jacke

Fotos Seite 22 und 23, Variante Seite 34 und 36

G 1: 6–9 Monate, **G 2:** 12–18 Monate

Variante
Material
Strickgarn 100 % Wolle – Blau: 4 Knäuel für alle Größen
Stricknadeln Nr. 3 und 3,5
Maschenraffer
Knöpfe: 3 für alle Größen
Diese Jacke ist äußerst praktisch, und man kann sie dem Baby leicht anziehen. Daher sollte man sie in mehr als nur einer Farbe haben.

Material
Strickgarn 100 % Wolle – Bronze: 4 Knäuel für alle Größen
Stricknadeln Nr. 3 und 3,5
Maschenraffer
Knöpfe: 3 für alle Größen

Strickmuster: kraus rechts, glatt rechts, glatt links. Von * bis * so oft wdh, wie angegeben, oder bis zum Ende der Reihe.
Fantasiemuster: * 2 R glatt rechts, 2 R glatt links *.
Maschenprobe: 25 M und 40 R mit Nadeln Nr. 3,5 im Fantasiemuster gestrickt = 10 x 10 cm

Rückenteil: Mit Nadeln Nr. 3 **G 1:** 72 M, **G 2:** 78 M anschl und 6 R kraus rechts str, dann mit Nadeln Nr. 3,5 im Fantasiemuster weiterstr und beidseitig **G 1:** in jeder 8. R 5 x 1 M, **G 2:** in der 10. R 1 x 1 M und in jeder 8. R 4 x 1 M abn (= **G 1:** 62 M, **G 2:** 68 M).
In **G 1:** 13 cm, **G 2:** 14 cm GH für die Armausschnitte beidseitig in jeder 2. R 1 x 3 M und 4 x 1 M abn (= **G 1:** 48 M, **G 2:** 54 M).
In **G 1:** 24 cm, **G 2:** 26 cm GH für die Schultern in jeder 2. R **G 1:** 2 x 6 M, **G 2:** 2 x 7 M abn.
Gleichzeitig für den Halsausschnitt die mittleren **G 1:** 20 M, **G 2:** 22 M auf dem Maschenraffer stilllegen und beide Seiten separat beenden. Am Halsausschnitt noch 1 x 2 M abn. Die restl M stilllegen.

Rechte Vorderteilhälfte: Mit Nadeln Nr. 3 **G 1:** 41 M, **G 2:** 44 M anschl und 6 R kraus rechts str. Dann mit Nadeln Nr. 3,5 in folg Mustereinteilung weiterstr: 5 M kraus rechts, **G 1:** 36 M, **G 2:** 39 M im Fantaisiemuster, dabei an der linken Seite wie beim Rückenteil abn (= **G 1:** 36 M, **G 2:** 39 M).
Gleichzeitig in **G 1:** 10 cm, **G 2:** 12 cm GH das erste Knopfloch mit 2 M Randabstand arbeiten (2 M abk, in der folg R 2 M wieder neu anschl).
In **G 1:** 13 cm, **G 2:** 14 cm GH an der linken Seite für den Armausschnitt abn wie beim Rückenteil (= **G 1:** 29 M, **G 2:** 32 M).
In **G 1:** 15 cm, **G 2:** 17 cm GH das zweite Knopfloch wie das erste arbeiten.
In **G 1:** 20 cm, **G 2:** 22 cm GH an der rechten Seite die 5 M in kraus rechts stilllegen, über die restl **G 1:** 24 M, **G 2:** 27 M an der rechten Seite für den Halsausschnitt in jeder 2. R **G 1:** 1 x 4 M, 1 x 3 M, 1 x 2 M und 3 x 1 M, **G 2:** 1 x 4 M, 1 x 3 M, 1 x 2 M und 4 x 1 M abn.
In **G 1:** 24 cm, **G 2:** 26 cm GH die Schulter wie beim Rückenteil arbeiten. Die restl M stilllegen.

Linke Vorderteilhälfte: Gegengleich zur rechten Vorderteilhälfte arbeiten, jedoch ohne Knopflöcher.

Ärmel: Mit Nadeln Nr. 3 **G 1:** 38 M, **G 2:** 40 M anschl und 6 R kraus rechts str. Dann mit Nadeln Nr. 3,5 im Fantasiemuster weiterstr, dabei beidseitig **G 1:** in jeder 6. R 8 x 1 M, **G 2:** in jeder 8. R 2 x 1 M und in jeder 6. R 8 x 1 M zun (= **G 1:** 54 M, **G 2:** 60 M).

In **G 1:** 15 cm, **G 2:** 19 cm GH beidseitig für die Ärmelrundung in jeder 2. R 1 x 2 M und 5 x 3 M abn, dann die restl **G 1:** 20 M, **G 2:** 26 M abk.

Fertigstellung: Die Schulter-, Seiten- und Ärmelnähte schließen. Die Ärmel einsetzen.
Dann mit Nadeln Nr. 3 rund um den Halsausschnitt **G 1:** 64 M, **G 2:** 68 M aufn wie folgt: die stillgelegten 5 M in kraus rechts am rechten Vorderteil **G 1:** 15 M, **G 2:** 16 M am rechten Vorderteil, die stillgelegten **G 1:** 20 M, **G 2:** 22 M am Rückenteil, dabei beidseitig noch 2 M aufn, am Halsausschnitt des linken Vorderteils **G 1:** 15 M, **G 2:** 16 M aufn und die stillgelegten 5 M in kraus rechts am linken Vorderteil aufn. Dann 4 R kraus rechts str und dabei in der 1. R das dritte Knopfloch mit 2 M Randabstand arbeiten. Alle M abk. Die Knöpfe annähen.

Babyjäckchen mit Schleife

Fotos Seite 38, 39, 40 und 41, Variante Seite 41

G 1: 0–3 Monate, **G 2:** 6–9 Monate

Material
Strickgarn 100 % Wolle – Beige: 2 Knäuel für G 1, 3 Knäuel für G 2
Stricknadeln Nr. 3
Knöpfe: 1 großen und 1 kleinen für alle Größen

Strickmuster: Rippenmuster 1/1, Rippenmuster 5/2, glatt rechts, kraus rechts
Maschenprobe: 28 M und 39 R im Rippenmuster 5/2 mit Nadeln Nr. 3 gestrickt = 10 x 10 cm

Rückenteil: **G 1:** 78 M, **G 2:** 85 M anschl und im Rippenmuster 5/2 arbeiten, dabei mit 3 M re beginnen und enden.
In **G 1:** 13 cm, **G 2:** 15 cm GH glatt rechts weiterstr und für die Armausschnitte beidseitig in jeder 2. R 1 x 3 M, 3 x 2 M und 1 x 1 M abn (= **G 1:** 58 M, **G 2:** 65 M).
In **G 1:** 22 cm, **G 2:** 25 cm GH für den Halsausschnitt die mittleren **G 1:** 28 M, **G 2:** 31 M abk und beide Seiten separat beenden.
In **G 1:** 23 cm, **G 2:** 26 cm GH für die Schultern die restl **G 1:** 15 M, **G 2:** 17 M abk.

Rechtes Vorderteil: **G 1:** 62 M, **G 2:** 65 M anschl und im Rippenmuster 5/2 arbeiten, dabei mit **G 1:** 3 M li, **G 2:** 4 M re beginnen und mit 3 M re enden.
In **G 1:** 13 cm, **G 2:** 15 cm GH glatt re weiterstr und den Armausschnitt wie beim Rückenteil arbeiten (= **G 1:** 52 M, **G 2:** 55 M).
In **G 1:** 19 cm, **G 2:** 22 cm GH den Halsausschnitt wie folgt arbeiten: **G 1:** 18 M, **G 2:** 16 M str, die folg **G 1:** 10 M, **G 2:** 13 M abk und die linke Seite fertigstellen, dabei an der Trennungsseite in jeder 2. R 1 x 3 M, 1 x 2 M und 4 x 1 M abn.
In **G 1:** 23 cm, **G 2:** 26 cm GH die restl **G 1:** 15 M, **G 2:** 17 M für die Schulter abk.
Die M der rechten Seite aufn und für den Halsausschnitt und an der Trennungsseite in jeder 2. R 1 x 3 M, 1 x 2 M und 4 x 1 M abn.
In **G 1:** 22 cm, **G 2:** 25 cm GH ein Knopfloch über 2 M (2 M abk und in der folg R 2 M wieder neu anschl) mit 4 M Randabstand arbeiten.
In **G 1:** 23 cm, **G 2:** 26 cm GH die restl **G 1:** 9 M, **G 2:** 7 M für die Schulter abk.

Linkes Vorderteil: G 1: 78 M, **G 2:** 85 M anschl und im Rippenmuster 5/2 arbeiten, dabei mit 3 M re beginnen und enden.
In **G 1:** 13 cm, **G 2:** 15 cm GH glatt rechts weiterstr und die Armausschnitte an der rechten Seite wie beim Rückenteil abn.
Gleichzeitig für den Halsausschnitt an der linken Seite in jeder 2. R abn wie folgt: **G 1:** 1 x 7 M, 1 x 6 M, 1 x 5 M, 1 x 4 M, 3 x 3 M, 9 x 2 M und 4 x 1 M, **G 2:** 1 x 7 M, 1 x 6 M, 1 x 5 M, 2 x 4 M, 2 x 3 M, 11 x 2 M und 4 x 1 M.
In **G 1:** 23 cm, **G 2:** 26 cm GH die restl **G 1:** 15 M, **G 2:** 17 M für die Schulter abk.

Ärmel: G 1: 42 M, **G 2:** 44 M anschl und im Rippenmuster 5/2 str, dabei mit **G 1:** 1 M li, **G 2:** 2 M li beginnen und enden.
Beidseitig **G 1:** in jeder 4. R 5 x 1 M und in jeder 6. R 6 x 1 M zun, **G 2:** in jeder 4. R 7 x 1 M und in jeder 6. R 6 x 1 M zun (= **G 1:** 64 M, **G 2:** 70 M).
Gleichzeitig in **G 1:** 13 cm, **G 2:** 15 cm GH glatt rechts weiterstr.
In **G 1:** 16 cm, **G 2:** 18 cm GH für die Ärmelrundung beidseitig in jeder 2. R **G 1:** 1 x 5 M und 3 x 4 M, **G 2:** 4 x 5 M abn. Die restl 30 M abk.
Den **zweiten Ärmel** gleich str.

Fertigstellung: Die rechte Schulternaht schließen.
Rund um den Halsausschnitt mit Nadeln Nr. 3 **G 1:** 147 M, **G 2:** 161 M (**G 1:** 45 M, **G 2:** 49 M am rechten Vorderteil, **G 1:** 32 M, **G 2:** 36 M am Rückenteil und **G 1:** 70 M, **G 2:** 76 M am linken Vorderteil) aufn und im Rippenmuster 1/1 str, dabei mit 2 M li beginnen und enden. Nach 1,5 cm alle M abk.
Die Ärmel einsetzen, die Seiten- und Ärmelnähte schließen.
Den großen Knopf an der Schulter des linken Vorderteils und den kleinen Knopf innen an der Seitennaht annähen.
Gegenüberliegend 1 Knopflochschlinge sticken.
2 Kordeln von 15 cm Länge anfertigen und eine unter dem Ärmel an der linken Seitennaht, die andere am rechten Vorderteil annähen.

Gestreiftes Babyjäckchen

Fotos Seite 18 und 19 , Variante Seite 59

G 1: 0 – 3 Monate, **G 2:** 6 – 9 Monate, **G 3:** 12 Monate

Material
Strickgarn 100 % Wolle
- Schilf: 1 Knäuel für alle Größen
- Erdfarben: 1 Knäuel für G 1, 2 Knäuel für G 2 und G 3
Stricknadeln Nr. 3,5
Knöpfe: 3 für alle Größen

Strickmuster: glatt rechts, kraus rechts.
Von * bis * so oft wdh, wie angegeben, oder bis zum Ende der Reihe.
Maschenprobe: 28 M und 36 R mit Nadeln Nr. 3,5 kraus rechts gestrickt = 10 x 10 cm

Vorder- und Rückenteil: In Erdfarben **G 1:** 136 M, **G 2:** 146 M, **G 3:** 156 M anschl und 6 R kraus rechts str, dann glatt rechts im Streifenmuster weiterstr wie folgt (die ersten und letzten 4 M kraus rechts str): * 6 R in Erdfarben, 2 R in Schilf *.

Achtung: Das Muster kraus rechts ergibt weniger Reihen als glatt rechts; daher jedes Mal, wenn Sie 2 R in Schilf stricken, an beiden Seiten über die 4 M in kraus rechts zusätzlich 1 Hin- und Rück-R arbeiten.

In **G 1:** 12 cm, **G 2:** 13 cm, **G 3:** 14 cm GH an beiden Seiten **G 1:** 35 M, **G 2:** 37 M, **G 3:** 39 M stilllegen und über die mittleren **G 1:** 66 M, **G 2:** 72 M, **G 3:** 78 M für das Vorderteil an beiden Seiten für die Armausschnitte in jeder 2. R 1 x 3 M und 1 x 2 M abn (= **G 1:** 56 M, **G 2:** 62 M, **G 3:** 68 M).
In **G 1:** 19,5 cm, **G 2:** 21,5 cm, **G 3:** 23,5 cm GH in der Mitte für den Halsausschnitt **G 1:** 14 M, **G 2:** 18 M, **G 3:** 22 M abk und beide Seiten separat beenden. Am Halsausschnitt in jeder 2. R noch 1 x 3 M, 1 x 2 M und 2 x 1 M abn.
In **G 1:** 22 cm, **G 2:** 24 cm, **G 3:** 26 cm GH die restl **G 1:** 14 M, **G 2:** 15 M, **G 3:** 16 M für die Schultern abk.
An der rechten Seite die **G 1:** 35 M, **G 2:** 37 M, **G 3:** 39 M für die linke Rückenteilhälfte aufn und an der linken Seite den Armausschnitt wie beim Rückenteil arbeiten (= **G 1:** 30 M, **G 2:** 32 M, **G 3:** 34 M).
In **G 1:** 21 cm, **G 2:** 23 cm, **G 3:** 25 cm GH an der rechten Seite für den Halsausschnitt in jeder 2. R **G 1:** 1 x 11 M und 1 x 5 M, **G 2:** 1 x 12 M und 1 x 5 M, **G 3:** 1 x 13 M und 1 x 5 M abn.
In **G 1:** 22 cm, **G 2:** 24 cm, **G 3:** 26 cm GH die restl **G 1:** 14 M, **G 2:** 15 M, **G 3:** 16 M für die Schulter abk.
An der linken Seite die **G 1:** 35 M, **G 2:** 37 M, **G 3:** 39 M für die rechte Rückenteilhälfte aufn und gegengleich zur linken Rückenteilhälfte arbeiten, dabei über die 4 kraus rechts gestrickten M 3 Knopflöcher (2 M zusstr, 1 U, 2 M) arbeiten: das erste in **G 1:** 15,5 cm, **G 2:** 17,5 cm, **G 3:** 19,5 cm GH, das letzte in **G 1:** 19,5 cm, **G 2:** 21,5 cm, **G 3:** 23,5 cm GH, das zweite zwischen den beiden.

Ärmel: In Erdfarben **G 1:** 40 M, **G 2:** 42 M, **G 3:** 44 M anschl und 6 R kraus rechts str. Dann im Streifenmuster glatt rechts weiterstr: * 6 R in Erdfarben, 2 R in Schilf *. Gleichzeitig beidseitig zun wie folgt: **G 1:** in jeder 6. R 8 x 1 M, **G 2:** in jeder 6. R 9 x 1 M, **G 3:** in jeder 6. R 10 x 1 M (= **G 1:** 56 M, **G 2:** 60 M, **G 3:** 64 M).
In **G 1:** 15 cm, **G 2:** 16,5 cm, **G 3:** 18 cm GH beidseitig für die Ärmelrundung in jeder 2. R 1 x 3 M und 1 x 2 M abn. Dann die restl **G 1:** 46 M, **G 2:** 50 M, **G 3:** 54 abk.

Fertigstellung: Die Schulternähte schließen.
Die Ärmelnähte schließen und die Ärmel einsetzen.
Rund um den Halsausschnitt in Erdfarben **G 1:** 71 M, **G 2:** 75 M, **G 3:** 79 M aufn (nicht die kraus rechts gestrickten M) wie folgt: **G 1:** 16 M, **G 2:** 17 M, **G 3:** 18 M an jeder Rückenteilhälfte, **G 1:** 39 M, **G 2:** 41 M, **G 3:** 43 M am Vorderteil. 6 R kraus rechts str, dann alle M abk.
Die Knöpfe annähen.

VARIANTE
Material
Strickgarn 100 % Wolle
- **Schwarz:** 1 Knäuel für alle Größen
- **Rosa:** 1 Knäuel für G 1, 2 Knäuel für G 2 und G 3

Raglan-jäckchen

Foto Seite 56

G 1: 6–9 Monate, **G 2:** 12–18 Monate

Material
Strickgarn 100 % Wolle – Beige:
5 Knäuel für alle Größen
Stricknadeln Nr. 6
Knöpfe: 3 für G 1 und G 2, 4 für G 3

Strickmuster:
Von * bis * so oft wdh, wie angegeben, oder bis zum Ende der Reihe.
Fantasiemuster: Über eine gerade Maschenanzahl + 2 Rand-M:
1. und alle ungeraden R: Re M str.
2. R: 1 Rand-M, * 1 M re, 1 M li abh *, 2 M re, 1 Rand-M.
4. R: 1 Rand-M, 2 M re, * 1 M li abh, 1 M re *, 1 Rand-M.
Die 2. – 5. R wdh.
Maschenprobe: 15 M und 30 R im Fantasiemuster mit Nadeln Nr. 6 gestrickt = 10 x 10 cm

Rückenteil: G 1: 40 M, **G 2:** 43 M anschl und im Fantasiemuster str, dabei beidseitig abn wie folgt: **G 1:** in der 28. R 1 x 1 M, **G 2:** in der 32. R 1 x 1 M (= **G 1:** 38 M, **G 2:** 41 M).
In **G 1:** 12 cm, **G 2:** 13 cm GH beidseitig für die Raglanschräge abn wie folgt: **G 1:** 1 x 2 M, * in jeder 2. R 1 x 1 M, in jeder 4. R 1 x 1 M *; von * bis * 3 x wdh, in jeder 4. R 2 x 1 M abn, **G 2:** 1 x 2 M, * in jeder 2. R 1 x 1 M, in jeder 4. R 1 x 1 M *; von * bis * 3 x wdh, in jeder 4. R 3 x 1 M abn. Dann die restl **G 1:** 14 M, **G 2:** 15 M für den Halsausschnitt abk.

Rechte Vorderteilhälfte: G 1: 22 M, **G 2:** 24 M anschl und im Fantasiemuster str, dabei an der linken Seite wie beim Rückenteil abn (= **G 1:** 21 M, **G 2:** 23 M).
An der rechten Seite **G 1:** 3 Knopflöcher, **G 2:** 4 Knopflöcher arbeiten (2 M abk, in der folg R 2 M wieder neu anschl), das erste in **G 1:** 11 cm GH, **G 2:** 10 cm GH, die folg im Abstand von 3 cm.
In **G 1:** 12 cm, **G 2:** 13 cm GH an der linken Seite für die Raglanschräge abn wie folgt: **G 1:** 1 x 2 M, in jeder 2. R 3 x 1 M, in jeder 4. R 5 x 1 M, **G 2:** in jeder 2. R 1 x 2 M und 3 x 1 M, in jeder 4. R 6 x 1 M abn.
Gleichzeitig in **G 1:** 19 cm, **G 2:** 21 cm GH an der rechten Seite für den Halsausschnitt in jeder 2. R **G 1:** 1 x 3 M, 2 x 2 M, 1 x 1 M, **G 2:** 2 x 3 M, 1 x 2 M, 1 x 1 M abn. Dann die restl 3 M abk.

Die **linke Vorderteilhälfte** gegengleich und ohne Knopflöcher str.

Rechter Ärmel: G 1: 24 M, **G 2:** 26 M anschl und im Fantasiemuster str, dabei beidseitig **G 1:** in der 10. R 1 x 1 M und in jeder 8. R 3 x 1 M, **G 2:** in jeder 8. R 5 x 1 M zun (= **G 1:** 32 M, **G 2:** 36 M).
In **G 1:** 14 cm, **G 2:** 16 cm GH für die Raglanschräge an der rechten Seite abn wie folgt: **G 1:** 1 x 2 M, in jeder 2. R 7 x 1 M, * in jeder 4. R 1 x 1 M, in jeder 2. R 1 x 1 M *; von * bis * 1 x wdh, in jeder 2 R: 2 x 2 M und 2 x 1 M abn, **G 2:** 1 x 2 M, in jeder 2. R 6 x 1 M, * in jeder 4. R 1 x 1 M, in jeder 2. 1 x 1 M *; von * bis * 2 x wdh, in jeder 2. R 4 x 2 M abn. Für die Raglanschräge an der linken Seite abn wie folgt: **G 1:** 1 x 2 M, * in jeder 4. R 1 x 1 M, in jeder 2. R 1 x 1 M *; von * bis * 4 x wdh, in der folg 4. R 1 x 1 M abn, **G 2:** 1 x 2 M, * in jeder 4. R 1 x 1 M, in jeder 2. R 1 x 1 M *; von * bis * 5 x wdh.
Den **linken Ärmel** gegengleich arbeiten.

Fertigstellung: Die Ärmel an den Raglanschrägen an das Rückenteil und an die Vorderteile nähen. Die Seiten- und Ärmelnähte schließen. Die Knöpfe annähen.

Pulli im Zickzackmuster

Fotos Seite 46 und 47

G 1: 0–3 Monate, **G 2:** 6–9 Monate, **G 3:** 12 Monate

Material
Strickgarn 100 % Wolle – Lila:
3 Knäuel für G 1, 4 Knäuel für G 2, 5 Knäuel für G 3
Stricknadeln Nr. 3
Knöpfe: 3 für alle Größen

Strickmuster: Rippenmuster 2/2, kraus rechts, glatt rechts, Fantasiemuster (siehe Strickschrift)
1 M aus dem Querfaden zunehmen: Den Querfaden zwischen 2 M aufn und re verschr str.
1 doppelte Abnahme: 2 M zus auf die rechte Nadel heben, die folgende M re str, die 2 abgehobenen M über die gestrickte M ziehen.
Maschenprobe: 38 M und 40 R mit Nadeln Nr. 3 im Fantasiemuster gestrickt = 10 x 10 cm
Achtung: Beim Fantasiemuster werden für eine doppelte Abnahme immer 2 Zunahmen aus dem Querfaden gearbeitet.

Rückenteil: **G 1:** 87 M, **G 2:** 99 M, **G 3:** 111 M anschl und 4 R kraus rechts str. Dann im Fantasiemuster weiterstr. Dabei mit 1 Rand-M und dann mit der 1. M der Strickschrift beginnen und mit 1 Rand-M enden.
In **G 1:** 16 cm, **G 2:** 17 cm, **G 3:** 18 cm GH beidseitig für die Armausschnitte in jeder 2. R **G 1:** 1 x 3 M, 2 x 2 M und 1 x 1 M, **G 2:** 1 x 3 M, 2 x 2 M und 3 x 1 M, **G 3:** 1 x 3 M, 3 x 2 M und 3 x 1 M abn (= **G 1:** 71 M, **G 2:** 79 M, **G 3:** 87 M).
In **G 1:** 25 cm, **G 2:** 27 cm, **G 3:** 29 cm GH für den Halsausschnitt die mittleren **G 1:** 35 M, **G 2:** 39 M, **G 3:** 43 M abk und beide Seiten getrennt beenden. Am Halsausschnitt in jeder 2. R noch 1 x 3 M abn.
In **G 1:** 26 cm, **G 2:** 28 cm, **G 3:** 30 cm GH an der rechten Seite die restl **G 1:** 15 M, **G 2:** 17 M, **G 3:** 19 M abk, an der linken Seite für die Knopfleiste über die restl **G 1:** 15 M, **G 2:** 17 M, **G 3:** 19 M im Rippenmuster 2/2 weiterstr.
In **G 1:** 28 cm, **G 2:** 30 cm, **G 3:** 32 cm GH die restl M abk.

Vorderteil: Wie das Rückenteil beginnen, jedoch in **G 1:** 22 cm, **G 2:** 24 cm, **G 3:** 26 cm GH für den Halsausschnitt die mittleren **G 1:** 17 M, **G 2:** 21 M, **G 3:** 25 M abk und beide Seiten getrennt beenden. Am Halsausschnitt in jeder 2. R noch 1 x 4 M, 1 x 3 M, 2 x 2 M, 1 x 1 M abn.
In **G 1:** 26 cm, **G 2:** 28 cm, **G 3:** 30 cm GH an der linken Seite die restl **G 1:** 15 M, **G 2:** 17 M, **G 3:** 19 M abk, an der rechten Seite für die Knopflochleiste über die restl **G 1:** 15 M, **G 2:** 17 M, **G 3:** 19 M im Fantasiemuster weiterstr, dabei nach 1 cm 2 Knopflöcher arbeiten (1 U, 2 M zusstr), das erste mit **G 1:** 4 M, **G 2, G 3:** 5 M Randabstand, das zweite im Abstand von **G 1, G 2:** 3 M, **G 3:** 5 M.
In **G 1:** 28 cm, **G 2:** 30 cm, **G 3:** 32 cm GH die restl M abk (die letzten beiden R kraus rechts str).

Ärmel: **G 1:** 53 M, **G 2:** 57 M, **G 3:** 61 M anschl und 4 R kraus rechts str. Dann im Fantasiemuster weiterstr, dabei mit 1 Rand-M und mit der **G 1:** 13. M, **G 2:** 10. M, **G 3:** 8. M der Strickschrift beginnen und mit 1 Rand-M enden. Beidseitig **G 1:** in jeder 6. R 2 x 1 M und in jeder 4. R 9 x 1 M, **G 2:** in jeder 6. R 2 x 1 M und in jeder 4. R 11 x 1 M, **G 3:** in jeder 6. R 2 x 1 M und in jeder 4. R 13 x 1 M zun (= **G 1:** 75 M, **G 2:** 83 M, **G 3:** 91 M).

In **G 1:** 14 cm, **G 2:** 16 cm, **G 3:** 18 cm GH für die Ärmelrundung beidseitig in jeder 2. R **G 1, G 2:** 4 x 2 M und 2 x 1 M, **G 3:** 2 x 2 M und 6 x 1 M abn. Dann die restl **G 1:** 55 M, **G 2:** 63 M, **G 3:** 71 M abk.

Fertigstellung: Die rechte Schulternaht schließen. Am Halsausschnitt **G 1:** 98 M, **G 2:** 106 M, **G 3:** 114 M aufn und im Rippenmuster 2/2 str, dabei in der 3. R an der rechten Seite mit 3 M Randabstand 1 Knopfloch arbeiten (1 U, 2 M zusstr). Nach 2 cm alle M abk.
Die Seiten- und Ärmelnähte schließen, die Ärmel einsetzen.
Die Knöpfe annähen.

Fantasiemuster

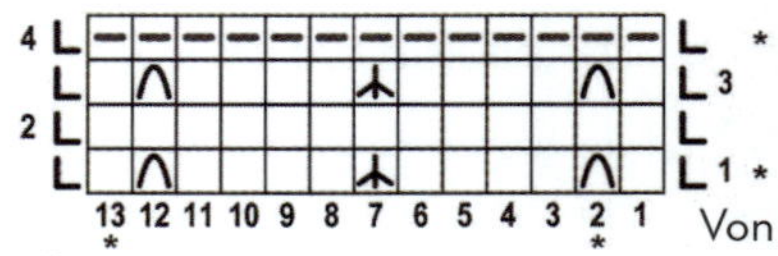

Von * bis * wdh.

L = 1 Rand-M
☐ = in Hin-R 1 M re, in Rück-R 1 M li
– = in Hin-R 1 M li, in Rück-R 1 M re
Λ = 1 M aus dem Querfaden zunehmen
⅄ = 1 doppelte Abnahme

Wickel-jäckchen

Fotos Seite 30 und 31

G 1: 0–3 Monate, **G 2:** 6–9 Monate, **G 3:** 12 Monate, **G 4:** 2 Jahre

Material
Strickgarn 100 % Wolle – Beige: 2 Knäuel für G 1 und G 2 , 3 Knäuel für G 3 und G 4 – **Braun, Apfelgrün, Grün:** jeweils 2 Knäuel für alle Größen
Stricknadeln Nr. 3
Knöpfe: 2 für alle Größen

Strickmuster: kraus rechts, Jacquardmuster in glatt rechts (siehe Strickschrift).
Maschenprobe: 29 M und 32 R mit Nadeln Nr. 3 im Jacquardmuster glatt rechts gestrickt = 10 x 10 cm

Rückenteil: In Beige **G 1:** 67 M, **G 2:** 73 M, **G 3:** 79 M, **G 4:** 87 M anschl und 6 R kraus rechts str. Dann im Jacquardmuster in glatt rechts weiterstr, dabei mit der **G 1:** 3. M, **G 2:** 4. M, **G 3, G 4:** 5. M der Strickschrift beginnen.
In **G 1:** 14 cm, **G 2:** 16 cm, **G 3:** 18 cm, **G 4:** 20 cm GH für die Armausschnitte beidseitig in jeder 2. R 2 x 2 M und 1 x 1 M abn (= **G 1:** 57 M, **G 2:** 63 M, **G 3:** 69 M, **G 4:** 77 M).
In **G 1:** 24 cm, **G 2:** 27 cm, **G 3:** 30 cm, **G 4:** 33 cm GH für die Schultern in jeder 2. R **G 1:** 2 x 5 M und 1 x 4 M, **G 2:** 1 x 6 M und 2 x 5 M, **G 3:** 3 x 6 M, **G 4:** 2 x 7 M und 1 x 6 M abn.

Gleichzeitig für den Halsausschnitt die mittleren **G 1:** 21 M, **G 2:** 23 M, **G 3:** 25 M, **G 4:** 29 M abk und beide Seiten separat beenden. Am Halsausschnitt nach 2 R noch 1 x 4 M abn.

Rechte Vorderteilhälfte: In Beige **G 1:** 67 M, **G 2:** 73 M, **G 3:** 79 M, **G 4:** 87 M anschl und 6 R kraus rechts str.
Im Jacquardmuster glatt rechts wie beim Rückenteil weiterstr.
Dann in **G 1, G 2:** 7 cm, **G 3, G 4:** 8 cm GH an der rechten Seite für die Ausschnittschräge abn wie folgt: **G 1:** in jeder 2. R 2 x 4 M, 4 x 3 M, 10 x 2 M, 5 x 1 M und in jeder 4. R 3 x 1 M, **G 2:** in jeder 2. R 2 x 4 M, 4 x 3 M, 9 x 2 M, 11 x 1 M und in jeder 4. R 3 x 1 M, **G 3:** in jeder 2. R 2 x 4 M, 6 x 3 M, 6 x 2 M, 15 x 1 M und in jeder 4. R 3 x 1 M, **G 4:** in jeder 2. R 2 x 4 M, 6 x 3 M, 7 x 2 M, 19 x 1 M und in jeder 4. R 3 x 1 M.
Gleichzeitig in **G 1:** 14 cm, **G 2:** 16 cm, **G 3:** 18 cm, **G 4:** 20 cm GH an der linken Seite den Armausschnitt wie beim Rückenteil abn.
In **G 1:** 24 cm, **G 2:** 27 cm, **G 3:** 30 cm, **G 4:** 33 cm GH für die Schulter wie beim Rückenteil abn.
Die **linke Vorderteilhälfte** gegengleich str.

Ärmel: In Beige **G 1:** 43 M, **G 2:** 47 M, **G 3:** 49 M, **G 4:** 53 M anschl und 6 R kraus rechts str. Im Jacquardmuster glatt rechts weiterstr, dabei mit der **G 1:** 5. M, **G 2:** 3. M, **G 3:** 2. M, **G 4:** 4. M der Strickschrift beginnen.
Beidseitig in der 7. R 1 x 1 M und weiter zun wie folgt: **G 1:** in der 6. R 1 x 1 M und in jeder 4. R 5 x 1 M, **G 2:** in jeder 6. R 4 x 1 und in jeder 4. R 3 x 1 M, **G 3:** in jeder 6. R 6 x 1 M und in jeder 4. R 3 x 1 M, **G 4:** in jeder 6. R 10 x 1 M (= **G 1:** 57 M, **G 2:** 63 M, **G 3:** 69 M, **G 4:** 75 M).
In **G 1:** 13 cm, **G 2:** 16 cm, **G 3:** 20 cm, **G 4:** 24 cm GH beidseitig für die Ärmelrundung in jeder 2. R 4 x 2 M und 2 x 1 M abn, dann die restl **G 1:** 37 M, **G 2:** 43 M, **G 3:** 49 M, **G 4:** 55 M abk.

Fertigstellung: In Beige entlang der Ausschnittschräge des rechten Vorderteils **G 1:** 67 M, **G 2:** 79 M, **G 3:** 91 M, **G 4:** 103 M aufn und 6 R kraus rechts str, dann alle M abk. Beim linken Vorderteil ebenso vorgehen. Am rückwärtigen Halsausschnitt **G 1:** 35 M, **G 2:** 39 M, **G 3:** 43 M, **G 4:** 47 M aufn und 6 R kraus rechts str, dann alle M abk.
Die Schulter- und Seitennähte schließen. Die Ärmelnähte schließen und die Ärmel einsetzen.
In Beige 2 Knopflochschlingen anfertigen, an der Seitenkante des linken Vorderteils unten und **G 1, G 2:** 7 cm, **G 3, G 4:** 8 cm von der unteren Kante entfernt. 2 Knöpfe entsprechend an der Seitennaht des rechten Vorderteils annähen.
In Beige 4 Kordeln von 13 cm Länge anfertigen: Dazu das Garn 5,5-mal so lang wie die benötigte Kordellänge zuschneiden, den Faden zur Hälfte legen und die Enden verknoten. Den Knoten an einem fixen Punkt befestigen (Haken, Türklinke) und durch die Schlaufe am anderen Ende eine Stricknadel stecken. Die Stricknadel lange und fest drehen. Dann den Faden erneut zur Hälfte legen und am unteren Ende wieder fest zusammendrehen, sodass sich die beiden Hälften zur Kordel verdrillen.
2 Kordeln an der Kante des rechten Vorderteils und die anderen 2 Kordeln entsprechend innen am linken Vorderteil annähen, sodass das linke Vorderteil das rechte überkreuzt.

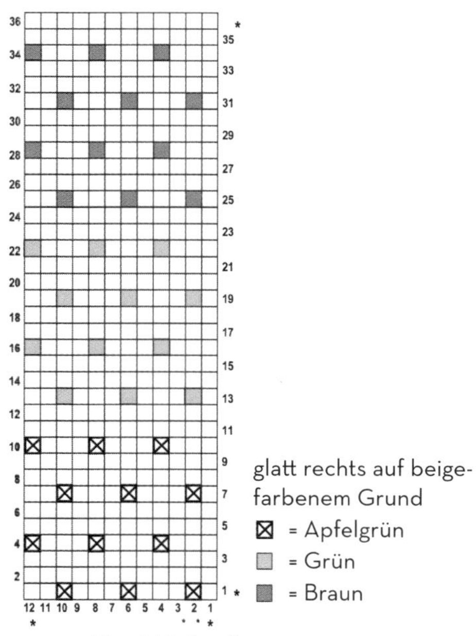

Von * bis * wdh.

Pumphose mit Band

Fotos Seite 50, 51 und 52

G 1: 0–3 Monate, **G 2:** 6–9 Monate, **G 3:** 12–18 Monate

Material
Strickgarn 100 % Wolle – Bronze:
2 Knäuel für G 1 und G 2, 3 Knäuel für G 3
Stricknadeln Nr. 3,5
eventuell 1 gemustertes Band

Strickmuster: kraus rechts, Rippenmuster 1/1, glatt rechts, Fantasiemuster (siehe Strickschrift)
Stickerei: Spannstich, Knötchenstich
Maschenprobe: 24 M und 34 R mit Nadeln Nr. 3,5 glatt rechts gestrickt = 10 x 10 cm

Rücken- und Vorderteil: Man beginnt am rechten Bein.
G 1: 27 M, **G 2:** 30 M, **G 3:** 32 M anschl und 4 R kraus rechts str, dann im Fantasiemuster weiterstr, dabei mit der **G 1, G 2:** 9. M, **G 3:** 2. M der Strickschrift beginnen und bei G 2 mit 2 M re enden.
Beidseitig zun wie folgt: **G 1, G 2:** in der folg 4. R 1 x 1 M und in jeder 2. R 3 x 1 M, **G 3:** in jeder 4. R 2 x 1 M und in jeder 2. R 3 x 1 M zun (= **G 1:** 35 M, **G 2:** 38 M, **G 3:** 42 M). In **G 1, G 2:** 4 cm, **G 3:** 5 cm GH alle M stilllegen.
Das **linke Bein** gegengleich str.
Dann die M der beiden Beine auf eine Nadel nehmen (= **G 1:** 70 M, **G 2:** 76 M, **G 3:** 84 M) und weiterstr.
In **G 1:** 10 cm, **G 2:** 13 cm, **G 3:** 16 cm GH beidseitig in jeder 4. R 1 x 1 M und in jeder 2. R 5 x 1 M abn (= **G 1:** 58 M, **G 2:** 64 M, **G 3:** 72 M).
In **G 1:** 14 cm, **G 2:** 17 cm, **G 3:** 20 cm GH im Rippenmuster 1/1 weiterstr und dabei in der 1. R eine Loch-R wie folgt arbeiten: * 3 M str, 2 M zusstr, 1 U *. Danach im Rippenmuster 1/1 weiterstr.
In **G 1:** 17 cm, **G 2:** 20 cm, **G 3:** 23 cm GH alle M abk.

Fertigstellung: An Rücken- und Vorderteil die Hose nach der Strickschrift besticken. Die Naht zwischen den Beinen und die Seitennähte schließen.
1 Kordel von 55 cm Länge wie folgt anfertigen: Dazu das Garn 5,5-mal so lang wie die benötigte Kordellänge zuschneiden, den Faden zur Hälfte legen und die Enden verknoten. Den Knoten an einem fixen Punkt befestigen (Haken, Türklinke) und durch die Schlaufe am anderen Ende eine Stricknadel stecken. Die Stricknadel lange und fest drehen. Dann den Faden erneut zur Hälfte legen und am unteren Ende wieder fest zusammendrehen, sodass sich die beiden Hälften zur Kordel verdrillen.
Die Kordel oder das Band am Bund durch die Löcher ziehen.

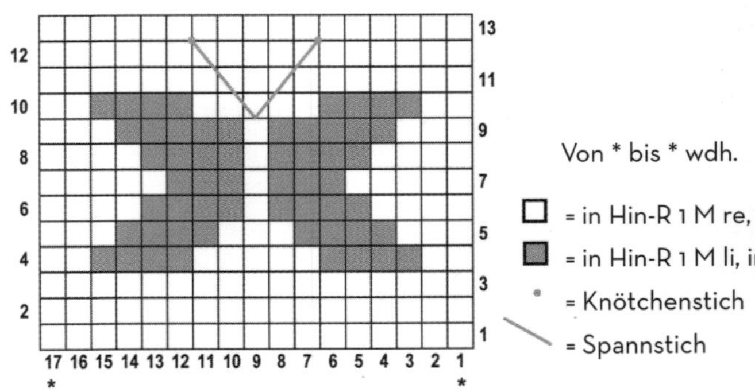

Zweifarbiges Jäckchen

Fotos Seite 66 und 67

G 1: 0 – 3 Monate, **G 2:** 6 – 9 Monate

Material
Strickgarn 100 % Wolle – Braun: 2 Knäuel für G 1 und G 2 – **Grün:** 1 Knäuel für alle Größen
Stricknadeln Nr. 2,5, Häkelnadel Nr. 2,5
Knöpfe: 4 für alle Größen
Druckknopf: 1 für alle Größen

Strick- und Häkelmuster: kraus rechts, Rippenmuster 1/1, glatt rechts, Kett-M, fe M
Von * bis * so oft wdh, wie angegeben, oder bis zum Ende der Reihe.
Am R-Beginn 1 M mit 3 M Randabstand abnehmen: 3 M str, 2 M re zusstr. Am R-Ende 1 M mit 3 M Randabstand abnehmen: 1 einf Ü, 3 M str.
Am R-Beginn 2 M mit 3 M Randabstand abnehmen: 3 M str, 3 M re zusstr. Am R-Ende 2 M mit 3 M Randabstand abnehmen: 1 dopp Ü, 3 M str.
Zunahmen aus dem Querfaden: Unter dem Faden zwischen 2 M einstechen und re verschr abstricken.
Maschenprobe: 29 M und 37 R mit Nadeln Nr. 2,5 glatt rechts gestrickt = 10 x 10 cm

Rückenteil: In Braun **G 1:** 82 M, **G 2:** 88 M anschl und kraus rechts wie folgt str: 2 R in Grün, 2 R in Braun , 2 R in Grün. Dann in Braun glatt rechts weiterstr, dabei beidseitig mit 3 M Randabstand abn wie folgt: **G 1:** in jeder 4. R 3 x 1 M, in jeder 2. R 9 x 1 M, **G 2:** in jeder 4. R 6 x 1 M, in jeder 2. R 6 x 1 M (= **G 1:** 58 M, **G 2:** 64 M).
In **G 1:** 12 cm, **G 2:** 14 cm GH für die Raglanschräge beidseitig abn wie folgt: **G 1:** 1 x 2 M, mit 3 M Randabstand: in der folg 4. R 1 x 1 M, in jeder 2. R 15 x 1 M, **G 2:** 1 x 2 M, mit 3 M Randabstand: in jeder 4. R 2 x 1 M, in jeder 2. R 15 x 1 M, die restl **G 1:** 22 M, **G 2:** 26 M für den Halsausschnitt abk.

Linkes Vorderteil: In Braun mit Nadeln Nr. 2,5 **G 1:** 49 M, **G 2:** 53 M anschl und kraus rechts wie folgt str: 2 R in Grün, 2 R in Braun, 2 R in Grün. Dann in Braun glatt rechts weiterstr, dabei an der rechten Seite mit 3 M Randabstand abn wie folgt: **G 1:** in jeder 4. R 3 x 1 M, in jeder 2. R 9 x 1 M, **G 2:** in jeder 4. R 6 x 1 M, in jeder 2. R 6 x 1 M (= **G 1:** 37 M, **G 2:** 41 M).
In **G 1:** 12 cm, **G 2:** 14 cm GH für die Raglanschräge an der rechten Seite abn wie folgt: **G 1:** 1 x 2 M, mit 3 M Randabstand: in jeder 2. R 4 x 1 M und 3 x (in der folg 4. R 1 x 1 M, in der folg 2. R 1 x 1 M) abn, **G 2:** 1 x 2 M, mit 3 M Randabstand: in jeder 2. R 6 x 1 M und 3 x (in der folg 4. R 1 x 1 M, in der folg 2. R 1 x 1 M)

Gleichzeitig in **G 1:** 18 cm, **G 2:** 21 cm GH für den Halsausschnitt die mittleren **G 1:** 17 M, **G 2:** 19 M abk und beide Seiten getrennt beenden. Am Halsausschnitt in jeder 2. R noch 2 x 2 M abn.
Das rechte Vorderteil gegengleich str.

Rechter Ärmel: In Braun mit Nadeln Nr. 2,5 **G 1:** 38 M, **G 2:** 40 M anschl und kraus rechts wie folgt str: 2 R in Grün, 2 R in Braun, 2 R in grün. Dann in Braun glatt rechts weiterstr, dabei beidseitig zun wie folgt: **G 1:** in jeder 6. R 2 x 1 M, in jeder 4. R 8 x 1 M, **G 2:** in jeder 6. R 2 x 1 M, in jeder 4. R 10 x 1 M (= **G 1:** 58 M, **G 2:** 64 M).

In **G 1:** 16 cm, **G 2:** 18 cm GH für die Raglanschräge beidseitig in jeder 2. R abn wie folgt:
An der rechten Seite: **G 1:** 1 x 2 M, mit 3 M Randabstand : 3 x 2 M, 11 x 1 M, **G 2:** 1 x 2 M, mit 3 M Randabstand: 4 x 2 M, 12 x 1 M und **bei beiden Größen** 4 x 5 M abn.
An der linken Seite: **G 1:** 1 x 2 M, mit 3 M Rand abstand: in jeder 2. R 17 x 1 M, **G 2:** 1 x 2 M, mit 3 M Randabstand: 1 x 2 M, 18 x 1 M.

Den linken Ärmel gegengleich str.

Fertigstellung: Die Ärmel an den Raglanschrägen an das Rückenteil und an die Vorderteile nähen.
Rund um den Halsausschnitt mit Nadeln Nr. 2,5 in Grün **G 1:** 114 M, **G 2:** 122 M auffassen und 6 R kraus rechts str, dann alle M abk.
Entlang der Vorderteilkanten mit der Häkelnadel in Grün 1 R Kettmaschen und 1 R feste Maschen häkeln, dabei am Halsausschnitt des rechten Vorderteils 3 Knopflochschlingen häkeln (2 Luft-M, 1 M überspringen). Am linken Vorderteil entsprechend die Knöpfe annähen. Den Druckknopf annähen. Die Seiten- und Ärmelnähte schließen.

Expertentipp

Die Abnahmen für die Raglanschrägen (Rückenteil, Vorderteil und Ärmel) werden üblicherweise mit 2 oder 3 Maschen Randabstand vorgenommen. Auf diese Weise bilden die Abnahmen, wenn die Ärmel angenäht sind, eine schöne, sichtbare Linie.

Strampelanzug

Foto Seite 16

G 1: 0–3 Monate, **G 2:** 6–9 Monate, **G 3:** 12 Monate

Material
Strickgarn 100 % Wolle – Lila:
2 Knäuel für G 1, 3 Knäuel G 2 und G 3 –
Beige: 1 Knäuel für alle Größen
Stricknadeln Nr. 2,5 und 3, 1 Nadelspiel Nr. 2,5, Häkelnadel Nr. 2,5
Knöpfe: 6 für alle Größen

Strick- und Häkelmuster: Rippenmuster 1/1, glatt rechts, fe M
Maschenprobe: 28 M und 37 R mit Nadeln Nr. 3 glatt rechts gestrickt = 10 x 10 cm

Rückenteil: Man beginnt bei einem Bein.
Mit Nadeln Nr. 2,5 in Beige **G 1:** 32 M, **G 2:** 34 M, **G 3:** 37 M anschl und 2 cm im Rippenmuster 1/1 str. Dann mit Nadeln Nr. 3 in Lila glatt rechts weiterstr, dabei beidseitig mit 3 M Randabstand zun wie folgt: **G 1:** in jeder 4. R 5 x 1 M, **G 2:** in jeder 6. R 5 x 1 M, **G 3:** in jeder 6. R 2 x 1 M und in jeder 8. R 3 x 1 M (= **G 1:** 42 M, **G 2:** 44 M, **G 3:** 47 M).
In **G 1:** 9 cm, **G 2:** 12 cm, **G 3:** 14 cm GH alle M stilllegen.
Das **zweite Bein** gleich str, dann alle M auf eine Nadel nehmen, zwischen den beiden Maschengruppen 6 M neu anschl (= **G 1:** 90 M, **G 2:** 94 M, **G 3:** 100 M) und glatt rechts weiterstr.

In **G 1:** 19 cm, **G 2:** 22 cm, **G 3:** 24 cm GH beidseitig mit 3 M Randabstand 1 M abn, dann weiter abn wie folgt: **G 1:** in jeder 2. R 8 x 1 M, **G 2:** in jeder 4. R 3 x 1 M und in jeder 2. R 4 x 1 M, **G 3:** in jeder 4. R 4 x 1 M und in jeder 2. R 2 x 1 M (= **G 1:** 72 M, **G 2:** 78 M, **G 3:** 84 M).
In **G 1:** 24 cm, **G 2:** 28 cm, **G 3:** 31 cm GH für die Armausschnitte beidseitig in jeder 2. R 1 x 3 M, 3 x 2 M und 1 x 1 M abn (= **G 1:** 52 M, **G 2:** 58 M, **G 3:** 64 M).
In **G 1:** 31 cm, **G 2:** 36 cm, **G 3:** 39 cm GH für den Schlitz die mittleren 2 M abk und beide Seiten separat beenden.
In **G 1:** 34 cm, **G 2:** 39 cm, **G 3:** 43 cm GH für den Halsausschnitt an der Teilungsseite in jeder 2. R **G 1:** 2 x 7 M, **G 2:** 2 x 8 M, **G 3:** 1 x 8 M und 1 x 9 M abn.
Gleichzeitig für die Schulter an der Außenseite in jeder 2. R **G 1:** 1 x 5 M und 1 x 6 M, **G 2:** 2 x 6 M, **G 3:** 2 x 7 M abn.

Vorderteil: Wie das Rückenteil beginnen.
In **G 1:** 31 cm, **G 2:** 36 cm, **G 3:** 39 cm GH für den Halsausschnitt die mittleren **G 1:** 10 M, **G 2:** 12 M, **G 3:** 14 M abk und beide Seiten separat beenden. Am Halsausschnitt in jeder 2. R noch **G 1:** 1 x 3 M, 3 x 2 M und 1 x 1 M, **G 2, G 3:** 1 x 3 M, 3 x 2 M und 2 x 1 M abn.
In **G 1:** 34 cm, **G 2:** 39 cm, **G 3:** 43 cm GH die Schultern wie beim Rückenteil abn.

Ärmel: Mit Nadeln Nr. 2,5 in Beige **G 1:** 44 M, **G 2:** 46 M, **G 3:** 50 M anschl und 2 cm im Rippenmuster 1/1 str. Dann mit Nadeln Nr. 3 in Lila glatt rechts weiterstr, dabei in der 1. R verteilt 8 M zun (= **G 1:** 52 M, **G 2:** 54 M, **G 3:** 58 M).
Beidseitig mit 3 M Randabstand zun wie folgt: **G 1:** in jeder 10. R 3 x 1 M, **G 2:** in jeder 8. R 4 x 1 M und in der folg 10. R 1 x 1 M, **G 3:** in jeder 8. R 4 x 1 M und in jeder 10 R. 2 x 1 M (= **G 1:** 58 M, **G 2:** 64 M, **G 3:** 70 M).
In **G 1:** 13 cm, **G 2:** 16 cm, **G 3:** 19 cm GH für die Ärmelrundung beidseitig in jeder 2. R **G 1:** 1 x 3 M, 7 x 2 M und 1 x 3 M, **G 2:** 1 x 4 M, 1 x 3 M, 6 x 2 M und 1 x 3 M, **G 3:** 1 x 4 M, 2 x 3 M, 3 x 2 M, 2 x 3 M und 1 x 4 M abn. Dann die restlichen 18 M abk.
Den **zweiten Ärmel** gleich str.

Fertigstellung: Die Seiten-, Schulter- und Ärmelnähte schließen. Die Ärmel einsetzen.
Rund um den Halsausschnitt mit dem Nadelspiel in Beige **G 1:** 81 M, **G 2:** 87 M, **G 3:** 97 M aufn (**G 1:** 45 M, **G 2:** 47 M, **G 3:** 51 M am Vorderteil und **G 1:** 18 M, **G 2:** 20 M, **G 3:** 23 M an jeder Seite des Rückenteils) und im Rippenmuster 1/1 str, dabei mit 2 M li beginnen und enden. Nach 2 cm alle M abk.
Entlang des Schlitzes am Rückenteil in Beige 1 R fe M häkeln, dabei an der oberen Kante 1 Knopflochschlinge über 3 Luft-M häkeln.
Entlang der Beininnenseitenkante am Vorderteil mit Nadeln Nr. 2,5 in Beige **G 1:** 63 M, **G 2:** 81 M, **G 3:** 91 M aufn und im Rippenmuster 1/1 str, dabei mit 2 M li beginnen und enden.
In der 5. R 5 Knopflöcher über jeweils 2 M (2 M abk, in der folg R 2 M wieder neu anschl) arbeiten: Das erste mit einem Randabstand von **G 1, G 2:** 3 M, **G 3:** 4 M, die folg mit **G 1:** 12 M, **G 2:** 16 M, **G 3:** 18 M dazwischen.
In 2 cm GH alle M abk.
Am Rückenteil ebenfalls eine Blende arbeiten, jedoch ohne Knopflöcher.
Die Knöpfe annähen.

Lange Hose

Fotos S. 22 und 24

G 1: 0–3 Monate, **G 2:** 6–9 Monate,
G 3: 12 Monate

Material
Strickgarn 100 % Wolle – Dunkelgrün: 3 Knäuel für G 1 und G 2, 4 Knäuel für G 3
Stricknadeln Nr. 3,5 und 4
Knöpfe: 2 für alle Größen
Strickmuster: Rippenmuster 2/2, glatt rechts, glatt links
Maschenprobe: 22 M und 30 R mit Nadeln Nr. 4 glatt rechts gestrickt = 10 x 10 cm

Rückenteil: Man beginnt an einem Bein.
Mit Nadeln Nr. 4 in Dunkelgrün **G 1:** 30 M, **G 2:** 32 M, **G 3:** 34 M anschl und glatt rechts str.
In **G 1:** 22 cm, **G 2:** 24 cm, **G 3:** 28 cm GH alle M stilllegen.
Das **zweite Bein** gleich str und die M beider Beine auf eine Nadel nehmen (= **G 1:** 60 M, **G 2:** 64 M, **G 3:** 68 M) und glatt rechts weiterstr.
In **G 1:** 34 cm, **G 2:** 41 cm, **G 3:** 46 cm GH mit Nadeln Nr. 3,5 im Rippenmuster 2/2 weiterstr, dabei in der 1. R 2 M abn. Mit 2 M re beginnen und enden. Nach 3 cm alle M abk.

Vorderteil: Wie das Rückenteil beginnen.
In **G 1:** 35 cm, **G 2:** 42 cm, **G 3:** 47 cm GH mit 20 M Randabstand 2 Knopflöcher über 2 M arbeiten (2 M abk, in der folg R 2 M wieder neu anschl).
In **G 1:** 37 cm, **G 2:** 44 cm, **G 3:** 49 cm GH alle M abk.

Träger: Mit Nadeln Nr. 3,5 in Dunkelgrün 8 M anschl und im Rippenmuster 2/2 str, dabei mit 3 M re beginnen und enden.
In **G 1:** 24 cm, **G 2:** 26 cm, **G 3:** 30 cm GH alle M abn, dazu jeweils 2 M zusstr.
Den **zweiten Träger** gleich str.

Fertigstellung: Die Seiten- und Beinnähte schließen, dabei die Naht unten an den Hosenbeinen über 6 cm (4 cm für den Umschlag und 2 cm für den Saum) nach außen legen.
Die Träger mittig am Rückenteil mit 10 cm Abstand annähen. Die Knöpfe am Vorderteil annähen.

Spielhose

Fotos Seite 40 und 47

G 1: 0–3 Monate, **G 2:** 6–9 Monate,
G 3: 12 Monate

Material
Strickgarn 100 % Wolle – Rot, Lila und Beige: jeweils 1 Knäuel für G 1 und G 2, jeweils 2 Knäuel für G 3
Stricknadeln Nr. 2,5 und 3
Knöpfe: 2 für alle Größen

Strick- und Häkelmuster: kraus rechts, Rippenmuster 1/1, fe M
Von * bis * so oft wdh, wie angegeben, oder bis zum Ende der Reihe.
Streifenmuster in glatt rechts: * 4 R in Beige, 4 R in Rot, 4 R in Lila *.
Pikots: * 1 Kett-M, 3 Luft-M, 1 M überspringen *.
Maschenprobe: 29 M und 38 R mit Nadeln Nr. 3 glatt rechts gestrickt = 10 x 10 cm

Rückenteil und Vorderteil: Man beginnt an einem Bein.
Mit Nadeln Nr. 3 in Lila **G 1:** 26 M, **G 2:** 28 M, **G 3:** 32 M anschl und kraus rechts str.
In 2,5 cm GH mit Nadeln Nr. 3 glatt rechts im Streifenmuster weiterstr, dabei in der 1. R gleichmäßig verteilt 12 M zun (= **G 1:** 38 M, **G 2:** 40 M, **G 3:** 44 M).
An der rechten Seite für die Beininnenseite zun wie folgt: **G 1:** in jeder 6. R 6 x 1 M, **G 2:** in jeder 8. R 3 x 1 M und in jeder 6. R 3 x 1 M, **G 3:** in jeder 8. R 4 x 1 M und in jeder 6. R 2 x 1 M (= **G 1:** 44 M, **G 2:** 46 M, **G 3:** 50 M).
In **G 1:** 13 cm, **G 2:** 15 cm, **G 3:** 17 cm GH alle M stilllegen.
Das **zweite Bein** gegengleich str.
Die M beider Beine auf eine Nadel nehmen (= **G 1:** 88 M, **G 2:** 92 m, **G 3:** 100 M) und im Streifenmuster weiterstr.
In **G 1:** 29 cm, **G 2:** 32 cm, **G 3:** 35 cm GH in Beige im Rippenmuster 1/1 weiterstr, dabei in der 1. R verteilt 24 M abn (= **G 1:** 64 M, **G 2:** 68 M, **G 3:** 76 M).
Nach 2 cm mit **G 1:** 17 M, **G 2:** 19 M, **G 3:** 21 M Randabstand 2 Knopflöcher arbeiten (1 U, 2 M zusstr).
In **G 1:** 33 cm, **G 2:** 36 cm, **G 3:** 39 cm GH alle M abk.

Träger: Mit Nadeln Nr. 2,5 in Lila 13 M anschl und glatt rechts str.
In 33 cm GH alle M abk.
Den **zweiten Träger** gleich str.

Fertigstellung: Die Seiten- und Beinnähte schließen.
Die Träger am Rückenteil, die Knöpfe am Vorderteil annähen.
An der Anschlagkante an den Beinen in Beige 1 R fe M und 1 R Pikots häkeln.

Strampelanzug mit Trägern

Fotos Seite 28 und 31

G 1: 0–3 Monate, **G 2:** 6–9 Monate, **G 3:** 12–18 Monate

Material
Strickgarn 100 % Wolle – Grün:
2 Knäuel für G 1 und G 2,
3 Knäuel für G 3
Stricknadeln Nr. 3 und 3,5
Knöpfe: 2 für alle Größen

Strickmuster: kraus rechts, glatt rechts, Rippenmuster 1/1.
Von * bis * so oft wdh, wie angegeben, oder bis zum Ende der Reihe.
Zickzackmuster: siehe Strickschrift
Maschenproben: 26 M und 48 R mit Nadeln Nr. 3 glatt rechts gestrickt = 10 x 10 cm
28 M und 40 R mit Nadeln Nr. 3,5 im Zickzackmuster gestrickt = 10 x 10 cm
(52 R im Zickzackmuster = 13 cm Höhe)

Vorderteil:
Man beginnt an einem Bein: Mit Nadeln Nr. 3 **G 1:** 28 M, **G 2:** 30 M, **G 3:** 32 M anschl und 2 cm im Rippenmuster 1/1 str.
Im Zickzackmuster mit Nadeln Nr. 3,5 weiterstr, dabei mit der **G 1:** 6. M, **G 2:** 3. M, **G 3:** 8. M der Strickschrift beginnen. An der rechten Seite, der Außenseite des Hosenbeins, zun wie folgt: **G 1:** 1 M in der folg 11. R, dann in jeder 8. R 3 x 1 M, **G 2:** 1 M in der folg 11. R, dann in jeder 8. R 4 x 1 M, **G 3:** 1 M in der folg 11. R, dann in jeder 8. R 5 x 1 M. An der linken Seite, der Innenseite des Hosenbeins, zun wie folgt: **G 1:** 1 M in der folg 11. R, dann in jeder 6. R 3 x 1 M, in der folg 4. R 1 x 1 M, in der folg 2. R 1 x 1 M, **G 2:** 1 M in der folg 9. R, dann in der folg 8. R 1 x 1 M, in jeder 6. R 2 x 1 M, in jeder 4. R 3 x 1 M, **G 3:** 1 M in der folg 9. R, dann in jeder 6. R 6 x 1 M und in der folg 4. R 1 x 1 M (= **G 1:** 38 M, **G 2:** 42 M, **G 3:** 46 M).

In **G 1:** 11 cm, **G 2:** 13 cm, **G 3:** 15 cm GH die M stilllegen.
Das **zweite Bein** gegengleich str.
Dann die M der beiden Beine auf eine Nadel nehmen, dazwischen 3 M neu anschl (= **G 1:** 79 M, **G 2:** 87 M, **G 3:** 95 M) und im Zickzackmuster weiterstr.
In **G 1:** 19 cm, **G 2:** 22 cm, **G 3:** 25 cm GH beidseitig 1 M abn, dann **G 1:** in jeder 4. R 5 x 1 M und in jeder 2. R 3 x 1 M abn, **G 2:** in jeder 6. R 2 x 1 M, in jeder 4. R 3 x 1 M und in jeder 2. R 3 x 1 M abn, **G 3:** in der folg 8. R 1 x 1 M, in jeder 6. R 2 x 1 M, in jeder 4. R 2 x 1 M und in jeder 2. R 3 x 1 M abn (= **G 1:** 61 M, **G 2:** 69 M, **G 3:** 77 M).
In **G 1:** 26 cm, **G 2:** 30 cm, **G 3:** 34 cm GH mit Nadeln Nr. 3 im Rippenmuster 1/1 weiterstr und nach 1,5 cm beidseitig 7 cm von der Mitte entfernt jeweils 1 Knopfloch arbeiten (2 M abk, in der folg R 2 M wieder neu anschl). Nach 3 cm im Rippenmuster alle M abk.

Rückenteil: Wie das Vorderteil, jedoch ohne Knopflöcher arbeiten.

Träger: Mit Nadeln Nr. 3 9 M anschl und im Rippenmuster 1/1 str, dabei beginnen mit 1 M kraus rechts, 1 M li und enden mit 1 M kraus rechts.
In **G 1:** 24 cm, **G 2:** 26 cm, **G 3:** 28 cm GH alle M abk.
Den **zweiten Träger** gleich str.

Fertigstellung: Die Seiten- und Beinnähte schließen. Am Rückenteil die Träger annähen. Die Knöpfe an die Träger nähen.

Zickzackmuster **Die 1. – 52. R str, dann den Rapport von der 45. – 52. R stets wdh.**

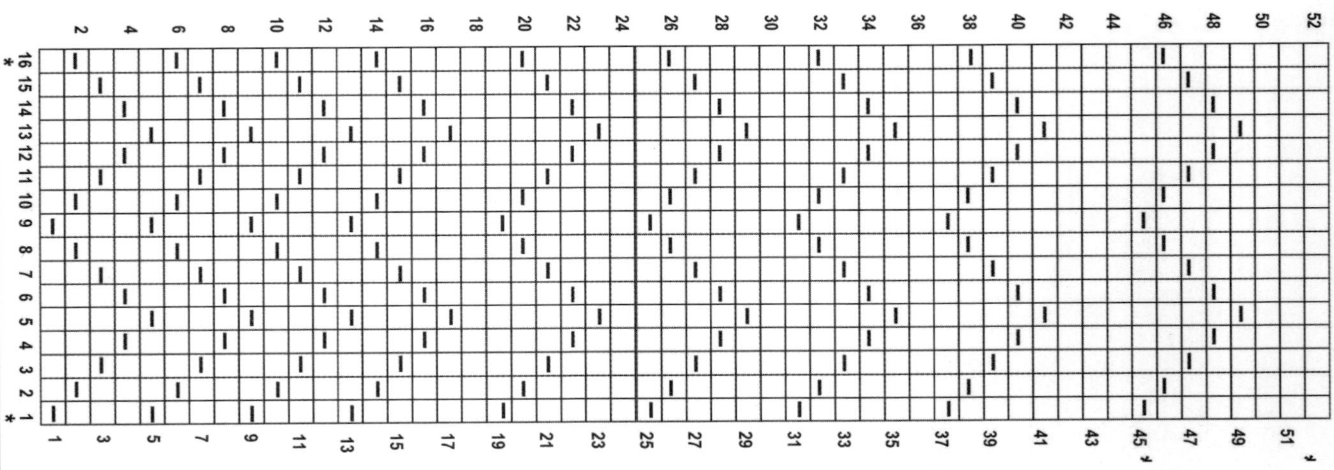

Von * bis * wdh

☐ = in Hin-R 1 M re, in Rück-R 1 M li

– = in Hin-R 1 M li, in Rück-R 1 M re

Kleid mit Taschen

Foto Seite 67

G 1: 3 Monate, **G 2:** 6–9 Monate,
G 3: 12–18 Monate

Material
Strickgarn 100 % Wolle – Beige: 3 Knäuel für alle Größen – **Dunkelgrün, Altrosa, Grün:** jeweils 1 Knäuel für alle Größen
Stricknadeln Nr. 3,5, Häkelnadel Nr. 3
Knopf: 1 für alle Größen

Strick- und Häkelmuster: glatt rechts, Kett-M, fe M, Krebs-M
Von * bis * so oft wdh, wie angegeben, oder bis zum Ende der Reihe.
Am R-Beginn 1 M mit 5 M Randabstand abnehmen: 5 M str, 2 M re zusstr.
Am R-Ende 1 M mit 5 M Randabstand abn: 1 einf Ü, 5 M str.
Am R-Ende 1 M mit 3 M Randabstand (Halsausschnitt) abn: 1 einf Ü, 3 M re.
Am R-Beginn 1 M mit 3 M Randabstand (Halsausschnitt) abn: 3 M re, 2 M re zusstr.
Stickerei: Kreuzstich.
Maschenprobe: 24 M und 34 R mit Nadeln Nr. 3,5 glatt rechts gestrickt = 10 x 10 cm

Rückenteil: In Beige **G 1:** 74 M, **G 2:** 78 M, **G 3:** 86 M anschl und 9 R glatt rechts str, dann in der folg Rück-R re M str. Glatt rechts weiterstr, dabei beidseitig mit 5 M Randabstand abn wie folgt: **G 1:** in jeder 8. R 3 x 1 M und in jeder 6. R 6 x 1 M, **G 2:** in jeder 8. R 5 x 1 M und in jeder 6. R 4 x 1 M, **G 3:** in jeder 8. R 6 x 1 M und in jeder 6. R 3 x 1 M (= **G 1:** 56 M, **G 2:** 60 M, **G 3:** 68 M).
In **G 1:** 23 cm, **G 2:** 24 cm, **G 3:** 25 cm GH beidseitig für die Armausschnitte in jeder 2. R abn wie folgt: **G 1, G 2:** 1 x 4 M, mit 5 M Randabstand 4 x 1 M, **G 3:** 1 x 4 M, mit 4 M Randabstand 5 x 1 M (= **G 1:** 40 M, **G 2:** 44 M, **G 3:** 50 M).
In **G 1:** 25 cm, **G 2:** 27 cm, **G 3:** 29 cm GH für die Öffnung die Arbeit teilen und beide Seiten separat beenden.
In **G 1:** 33 cm, **G 2:** 35 cm, **G 3:** 37 cm GH an der Öffnungsseite in jeder 2. R **G 1:** 1 x 5 M, 1 x 4 M, 2 x 2 M abn, **G 2:** 1 x 5 M, 1 x 4 M, 1 x 3 M, 1 x 2 M abn, **G 3:** 2 x 5 M, 1 x 4 M, 1 x 2 M abn.
In **G 1:** 34 cm, **G 2:** 36 cm, **G 3:** 38 cm GH die restl **G 1:** 7 M, **G 2:** 8 M, **G 3:** 9 M für die Schulter abk.

Vorderteil: In Beige **G 1:** 74 M, **G 2:** 78 M, **G 3:** 86 M anschl und 9 R glatt rechts str, dann in der folg Rück-R re M str. Glatt rechts weiterstr, dabei beidseitig mit 5 M Randabstand abn wie folgt: **G 1:** in jeder 8. R 3 x 1 M, in jeder 6. R 6 x 1 M, **G 2:** in jeder 8. R 5 x 1 M, in jeder 6. R 4 x 1 M, **G 3:** in jeder 8. R 6 x 1 M, in jeder 6. R 3 x 1 M (= **G 1:** 56 M, **G 2:** 60 M, **G 3:** 68 M).
In **G 1:** 21 cm, **G 2:** 23 cm, **G 3:** 25 cm GH glatt rechts im Streifenmuster wie folgt weiterstr: *2 R in Altrosa, 2 R in Dunkelgrün, 2 R in Grün, 2 R in Beige*.
Gleichzeitig in **G 1:** 23 cm, **G 2:** 24 cm, **G 3:** 25 cm GH beidseitig für die Armausschnitte in jeder 2. R abn wie folgt: **G 1, G 2:** 1 x 4 M, mit 5 M Randabstand 4 x 1 M, **G 3:** 1 x 4 M, mit 4 M Randabstand 5 x 1 M (= **G 1:** 40 M, **G 2:** 44 M, **G 3:** 50 M).
In **G 1:** 28 cm, **G 2:** 29 cm, **G 3:** 31 cm GH für den Halsausschnitt die mittleren **G 1:** 8 M, **G 2:** 10 M, **G 3:** 14 M abk und beide Seiten separat beenden. An der Halsausschnittseite mit 3 M Randabstand in jeder 2. R noch 9 x 1 M abn.
In **G 1:** 34 cm, **G 2:** 36 cm, **G 3:** 38 cm GH die restl **G 1:** 7 M, **G 2:** 8 M, **G 3:** 9 M für die Schultern abk.

Taschen: In Beige 18 M anschl und glatt rechts im Streifenmuster wie folgt str: 8 R Beige, * 2 R in Altrosa, 2 R in Dunkelgrün, 2 R in Grün, 2 R in Beige *.
In 4 cm GH beidseitig in jeder 6. R 2 x 1 M abn (= 14 M).
In 7 cm GH alle M abk.

Fertigstellung: In Altrosa Vorder- und Rückenteil 3 R über der R mit li M im Kreuzstich besticken: über 4 M und 5 R, mit 1 M Abstand dazwischen. Die Taschen ebenfalls besticken: über 3 M und 4 R, mit 1 M Abstand.
Die Seitenkanten und die unter Taschenkante in Beige wie folgt umhäkeln: 1 R Kett-M, 1 R fe M, 1 R Krebs-M.
Die Taschen auf das Vorderteil nähen (siehe Foto). Die Seiten- und Schulternähte schließen.
Den Halsausschnitt an Vorder- und Rückenteil und die Armausschnitte wie die Taschen umhäkeln.
Die Öffnung am Rückenteil mit 1 R Kett-M und 1 R fe M umhäkeln, dabei in der R fe M an der rechten Seite der Öffnung 1 Knopflochschlaufe anfertigen: 1 M überspringen, 2 Luft-M.
Den Knopf annähen.

Überkleid

Fotos Seite 38 und 39

G 1: 6–9 Monate, **G 2:** 12–18 Monate, **G 3:** 2 Jahre

Material
Strickgarn 100 % Wolle – Grau: 2 Knäuel für G 1 und G 2, 3 Knäuel für G 3 – **Pflaume, Dunkelgrün, Wollweiß:** jeweils 1 Knäuel für alle Größen
Stricknadeln Nr. 3, Häkelnadel Nr. 2,5

Strick- und Häkelmuster: glatt rechts, fe M, Krebs-M
Von * bis * so oft wdh, wie angegeben, oder bis zum Ende der Reihe.
Streifenmuster in glatt rechts: 4 R in Pflaume, 2 R in Wollweiß, 8 R in Pflaume, 4 R in Dunkelgrün, * 2 R in Pflaume, 2 R in Dunkelgrün *; von * bis * 2 x wdh, 2 R in Pflaume, 6 R in Dunkelgrün, 12 R in Pflaume, dann in Grau weiterstr.
Am R-Beginn 1 M mit 3 M Randabstand abn: 3 M str, 1 einf Ü.
Am R-Ende 1 M mit 3 M Randabstand abn: 2 M zusstr, 3 M re.
Am R-Beginn 2 M mit 3 M Randabstand abn: 3 M str, 1 dopp Ü.
Am R-Ende 2 M mit 3 M Randabstand abn: 3 M re zusstr, 3 M str.
Stickerei: Vorstich.
Maschenprobe: 24 M und 34 R mit Nadeln Nr. 3 glatt rechts gestrickt = 10 x 10 cm

Rückenteil: In Grau **G 1:** 82 M, **G 2:** 88 M, **G 3:** 96 M anschl und 4 R glatt rechts str. Dann für den Mäusezahnsaum 2 R wie folgt str:
1. R: 1 Rand-M, * 2 M re, 1 U *, 1 Rand-M.
2. R: 1 Rand-M, * 1 M li, 2 M li zusstr *, 1 Rand-M.
Anschließend glatt rechts weiterstr, dabei mit 3 M Randabstand beidseitig abn wie folgt: **G 1:** in jeder 8. R 6 x 1 M und in jeder 6. R 4 x 1 M, **G 2:** abwechselnd in jeder 6. und 8. R 9 x 1 M, **G 3:** in jeder 8. R 7 x 1 M, in jeder 10. R 3 x 1 M (= **G 1:** 62 M, **G 2:** 70 M, **G 3:** 76 M).
Gleichzeitig in **G 1:** 9 cm, **G 2:** 11 cm, **G 3:** 14 cm GH im Streifenmuster glatt rechts weiterstr.
In **G 1:** 25 cm, **G 2:** 27 cm, **G 3:** 30 cm GH für die Armausschnitte beidseitig 1 x 3 M abn, dann mit 3 M Randabstand in jeder 2. R abn wie folgt: **G 1:** 1 x 2 M, 2 x 1 M, **G 2, G 3:** 2 x 2 M, 2 x 1 M (= **G 1:** 48 M, **G 2:** 52 M, **G 3:** 58 M).

In **G 1:** 34 cm, **G 2:** 37 cm, **G 3:** 41 cm GH für den Halsausschnitt die mittleren **G 1:** 18 M, **G 2:** 20 M, **G 3:** 22 M abk und beide Seiten separat beenden. Am Halsausschnitt in jeder 2. R noch 2 x 2 M und 2 x 1 M abn.

Gleichzeitig in **G 1:** 36 cm, **G 2:** 39 cm, **G 3:** 43 cm GH für die Schultern in jeder 2. R **G 1:** 1 x 4 M und 1 x 5 M abn, **G 2:** 2 x 5 M abn, **G 3:** 2 x 6 M abn.

Vorderteil: Wie das Rückenteil beginnen.
In **G 1:** 26 cm, **G 2:** 29 cm, **G 3:** 33 cm GH für den Halsausschnitt die mittleren **G 1:** 14 M, **G 2:** 16 M, **G 3:** 18 M abk und beide Seiten separat beenden. Am Halsausschnitt in jeder 2. R mit 3 M Randabstand noch 2 x 2 M, 4 x 1 M abn.
In **G 1:** 36 cm, **G 2:** 39 cm, **G 3:** 43 cm GH die Schulterabnahmen wie beim Rückenteil arbeiten.

Fertigstellung: Eine Schulternaht schließen. Rund um den Halsausschnitt in Grau **G 1:** 86 M (Rückenteil: 30 M, Vorderteil: 56 M), **G 2:** 96 M (Rückenteil: 34 M, Vorderteil: 62 M), **G 3:** 100 M (Rückenteil: 36 M, Vorderteil: 64 M) aufn und rechts abk. Mit der Häkelnadel in Grau um den Halsausschnitt häkeln, dabei in jede abgekettete M einstechen. 1 R fe M, 1 R Krebs-M häkeln.
Ebenso an den Armausschnitten verfahren und dazu **G 1:** 58 M, **G 2:** 64 M, **G 2:** 70 M aufn.
Die zweite Schulternaht schließen, die Seitennähte schließen.
Den Kleidsaum nach innen umschlagen und mit unsichtbaren Stichen annähen. Unten am Kleidsaum 5 R über der 2. R des Mäusezahnsaum, das Kleid in Wollweiß mit Vorstichen besticken: * Stich über 2 M, unter 1 M durchführen *.
Den Halsausschnitt und die Armausschnitte ebenfalls in Wollweiß im Vorstich umsticken: * Stich über 3 R, unter 1 R durchführen.

Trägertop

Foto Seite 50

G 1: 0–3 Monate, **G 2:** 6–9 Monate, **G 3:** 12–18 Monate

Material
Strickgarn 100 % Wolle
– Dunkelgrün: 1 Knäuel für G 1, 2 Knäuel für G 2 und G 3
– Bronze, Rot: jeweils 1 Knäuel für alle Größen
Stricknadeln Nr. 3,5
Knöpfe: 2 für alle Größen

Strickmuster: kraus rechts, Rippenmuster 1/1, glatt rechts, Fantasiemuster (siehe Strickschrift)
Stickerei: Spannstich, Knötchenstich
Maschenprobe: 24 M und 34 R mit Nadeln Nr. 3,5 glatt rechts gestrickt = 10 x 10 cm

Rückenteil: In Dunkelgrün **G 1:** 63 M, **G 2:** 69 M, **G 3:** 73 M anschl und 4 R kraus rechts str. Im Fantasiemuster weiterstr, dabei mit der **G 1:** 12. M, **G 2:** 9. M, **G 3:** 7. M der Strickschrift beginnen.
Beidseitig abn wie folgt: **G 1:** in jeder 6. R 4 x 1 M und in jeder 4. R 3 x 1 M, **G 2:** in der folg 8. R 1 x 1 M und in jeder 6. R 6 x 1 M, **G 3:** in jeder 8. R 4 x 1 M und in jeder 6. R 3 x 1 M (= **G 1:** 49 M, **G 2:** 55 M, **G 3:** 59 M).
In **G 1:** 14 cm, **G 2:** 16 cm, **G 3:** 18 cm GH 4 R kraus rechts str, dann die Träger wie folgt arbeiten: **G 1:** 6 M abk, **G 2:** 8 M abk, **G 3:** 9 M abk und über die folg 7 M in Dunkelgrün im Rippenmuster 1/1 weiterstr, dann **G 1:** 23 M abk, **G 2:** 25 M abk,

G 3: 27 M abk und über die folg 7 M in Dunkelgrün im Rippenmuster 1/1 weiterstr, die restl **G 1:** 6 M, **G 2:** 8 M, **G 3:** 9 M abk.

In **G 1:** 31 cm, **G 2:** 34 cm, **G 3:** 37 cm GH in der Mitte der Träger 1 Knopfloch arbeiten (2 M zusstr, 1 U).
In **G 1:** 32 cm, **G 2:** 35 cm, **G 3:** 38 cm GH die restl 7 Träger-M abk.

Vorderteil: In Dunkelgrün **G 1:** 63 M, **G 2:** 69 M, **G 3:** 73 M anschl und 4 R kraus rechts str. Im Fantasiemuster weiterstr, dabei mit der **G 1:** 12. M, **G 2:** 9. M, **G 3:** 7. M der Strickschrift beginnen.
Beidseitig abn wie folgt: **G 1:** in jeder 6. R 4 x 1 M und in jeder 4. R 3 x 1 M, **G 2:** in der folg 8. R 1 x 1 M und in jeder 6. R 6 x 1 M, **G 3:** in jeder 8. R 4 x 1 M und in jeder 6. R 3 x 1 M (= **G 1:** 49 M, **G 2:** 55 M, **G 3:** 59 M).
In **G 1:** 14 cm, **G 2:** 16 cm, **G 3:** 18 cm GH für die Armausschnitte beidseitig in jeder 2. R 2 x 2 M und 1 x 1 M abn (= **G 1:** 39 M, **G 2:** 45 M, **G 3:** 49 M).
Gleichzeitig in Dunkelgrün im Rippenmuster 1/1 weiterstr, dabei in der 1. R verteilt 4 M zun (= **G 1:** 43 M, **G 2:** 47 M, **G 3:** 53 M).
In **G 1:** 18 cm, **G 2:** 21 cm, **G 3:** 24 cm GH alle M abk.

Fertigstellung: Das Rücken- und Vorderteil nach der Strickschrift besticken.
In Dunkelgrün am Armausschnitt des Vorderteils **G 1:** 10 M, **G 2:** 12 M, **G 3:** 14 M aufn und 4 R kraus rechts str. Alle M abk.
Die Seitennähte schließen, die Knöpfe annähen.

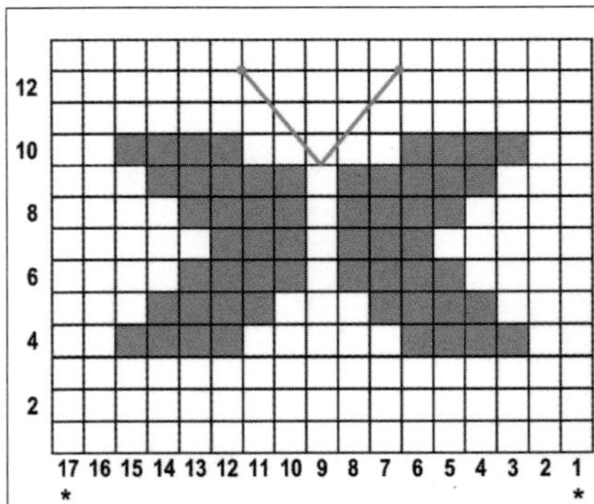

Von * bis * wdh.

☐ = in Hin-R 1 M re, in Rück-R 1 M li
■ = in Hin-R 1 M li, in Rück-R 1 M re
• = Knötchenstich
╲ = Spannstich

Runde Mütze

Foto Seite 68–69

Einheitsgröße: 0–9 Monate

Material
Strickgarn 100 % Wolle – Beige: 1 Knäuel
Stricknadeln Nr. 2,5 und 3

Strickmuster: kraus rechts, glatt rechts, Fantasiemuster (siehe Strickschrift)
Maschenprobe: 28 M und 37 R mit Nadeln Nr. 3 glatt rechts gestrickt = 10 x 10 cm

Mit Nadeln Nr. 2,5 100 M anschl und 16 R kraus rechts str. Dann mit Nadeln Nr. 3 42 R im Fantasiemuster nach der Strickschrift str (= 20 M).
Weiter abn wie folgt: **1. R:** 10 x 2 M re zusstr (= 10 M), **2. R:** li M str, **3. R:** 5 x 2 M re zusstr (= 5 M).
Durch die restl 5 M den Arbeitsfaden ziehen, zusammenziehen und den Faden vernähen.

Fertigstellung: Die rückwärtige Naht schließen.

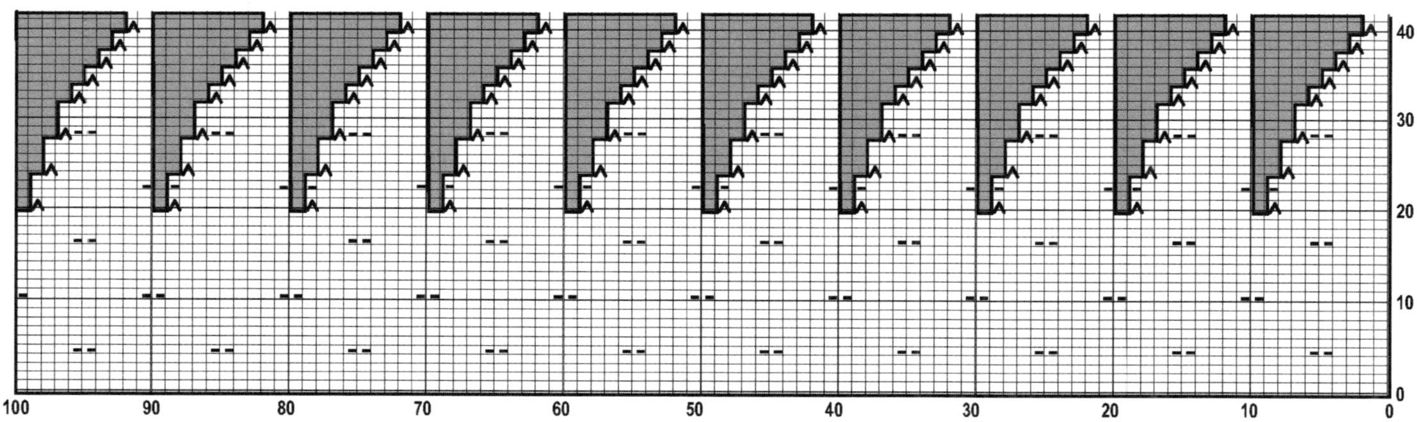

☐ = in Hin-R 1 M re, in Rück-R 1 M li
– = in Hin-R 1 M li, in Rück-R 1 M re
∧ = 2 M re zusstr
▩ = M, die nach den Abnahmen nicht mehr vorhanden sind

Mütze mit Pompon

Foto Seite 57, Variante Seite 53

Größe: 6–12 Monate

Material
Strickgarn 100 % Wolle – Beige, Altrosa, Rot, Braun: jeweils 1 Knäuel
Stricknadeln Nr. 2,5 und 3

Strickmuster: kraus rechts, glatt rechts.
Streifenmuster in kraus rechts: 4 R in Beige, 2 R in Altrosa.
Streifenmuster in glatt rechts: * 2 R in Altrosa, 2 R in Beige, 2 R in Rot, 2 R in Braun *.
Von * bis * so oft wdh, wie angegeben, oder bis zum Ende der Reihe.
Maschenprobe: 28 M und 38 R mit Nadeln Nr. 3 im Streifenmuster glatt rechts gestrickt = 10 x 10 cm

Mit Nadeln Nr. 2,5 in Beige 128 M anschl und 6 R im Streifenmuster in kraus rechts str.
In 1 cm GH mit Nadeln Nr. 3 24 R im Streifenmuster in glatt rechts weiterstr.
In 7 cm GH mit den Abnahmen beginnen und in jeder 2. R wie folgt arbeiten:
1. R: 2 M re, * 2 M re zusstr, 14 M re *, von * bis * 6 x wdh, 2 M re zusstr, 12 M re (= 120 M).
3. R: 2 M re, * 2 M re zusstr, 13 M re *; von * bis * 6 x wdh, 2 M re zusstr, 11 M re (= 112 M).
5. R: 2 M re, * 2 M re zusstr, 12 M re *; von * bis * 6 x wdh, 2 M re zusstr, 10 M re (= 104 M).
7. R: 2 M re, * 2 M re zusstr, 11 M re *; von * bis * 6 x wdh, 2 M re zusstr, 9 M re (= 96 M).
9. R: 2 M re, * 2 M re zusstr, 10 M re *; von * bis * 6 x wdh, 2 M re zusstr, 8 M re (= 88 M).
11. R: 2 M re, * 2 M re zusstr, 9 M re *; von * bis * 6 x wdh, 2 M re zusstr, 7 M re (= 80 M).
13. R: 2 M re, * 2 M re zusstr, 8 M re *; von * bis * 6 x wdh, 2 M re zusstr, 6 M re (= 72 M).
15. R: 2 M re, * 2 M re zusstr, 7 M re *; von * bis * 6 x wdh, 2 M re zusstr, 5 M re (= 64 M).
17. R: 2 M re, * 2 M re zusstr, 6 M re *; von * bis * 6 x wdh, 2 M re zusstr, 4 M re (= 56 M).
19. R: 2 M re, * 2 M re zusstr, 5 M re *; von * bis * 6 x wdh, 2 M re zusstr, 3 M re (= 48 M).
21. R: 2 M re, * 2 M re zusstr, 4 M re *; von * bis * 6 x wdh, 2 M re zusstr, 2 M re (= 40 M).
23. R: 2 M re, * 2 M re zusstr, 3 M re *; von * bis * 6 x wdh, 2 M re zusstr, 1 M re (= 32 M).
25. R: 2 M re, * 2 M re zusstr, 2 M re *; von * bis * 6 x wdh, 2 M re zusstr (= 24 M).
27. R: * 2 M re, 2 M re zusstr *; von * bis * 5 x wdh (= 18 M).

Fertigstellung: Durch die restl 18 M den Arbeitsfaden ziehen, zusammenziehen und den Faden vernähen. Die rückwärtige Naht schließen.
In Beige 1 Pompon von 4 cm Durchmesser anfertigen und oben an die Mütze nähen.

Variante
Material
Strickgarn 100 % Wolle – Schwarz: 2 Knäuel
Stricknadeln Nr. 2,5 und 3
Diese Mütze ist unerlässlich, wenn Ihr Baby draußen nicht frieren soll: einfarbig für konventionelle Kleidung und in bunten Streifen für farbige Outfits.

Schal im Strukturmuster

Fotos Seite 16 und 60 – 61, Varianten Seite 21 und 57

Einheitsgröße

Material
Strickgarn 100 % Wolle – Schwarz: 1 Knäuel
Stricknadeln Nr. 3

Strickmuster: kraus rechts
Strukturmuster: Maschenzahl teilbar durch 2 + 1.
1. R: Alle M re str.
2. und 4. R: Alle M li str.
3. R: * 1 M re, 1 M li *, 1 M re.
Die 1. – 4. R stets wdh.
Von * bis * so oft wdh, wie angegeben, oder bis zum Ende der Reihe.
Maschenprobe: 29 M und 45 R mit Nadeln Nr. 3 im Fantasiemuster gestrickt = 10 x 10 cm

41 M anschl und 6 R kraus rechts str, dann weiterstr wie folgt: 1 Rand-M, 3 M kraus rechts, 33 M im Strukturmuster, 3 M kraus rechts, 1 Rand-M. In 80 cm GH 6 R kraus rechts str und alle M abk.

Variante
Material
Strickgarn 100 % Wolle – Rot: 1 Knäuel
Stricknadeln Nr. 3
Arbeiten Sie den Schal nach der Anleitung für den schwarzen Schal.
Bügeln Sie den Schal sorgfältig mit einem Bügeltuch, um ihn professionell zu glätten. So wird das Strukturmuster gut sichtbar.

Strukturmuster

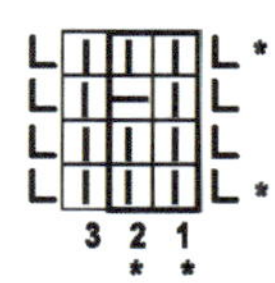

Von * bis * wdh

L = 1 Rand-M
| = in Hin-R 1 M re, in Rück-R 1 M li
— = in Hin-R 1 M li

Mütze mit Pompons

Foto Seite 24

Einheitsgröße: 3–9 Monate

Material
Strickgarn 100 % Wolle – Grün, Braun, Apfelgrün, Rosa, Mahagoni: jeweils 1 Knäuel für alle Größen
Stricknadeln Nr. 2,5, Häkelnadel Nr. 2,5

Strick- und Häkelmuster: glatt rechts, kraus rechts, Kett-M, fe M
Maschenprobe: 29 M und 37 R mit Nadeln Nr. 2,5 glatt rechts gestrickt = 10 x 10 cm

Man beginnt bei den Ohrklappen. In Grün 3 M anschl und nach der Strickschrift glatt rechts str. Ist die erste Ohrklappe fertiggestellt, die M stilllegen und die zweite Ohrklappe arbeiten. Anschließend die M beider Ohrklappen auf eine Nadel nehmen, dabei davor, dazwischen und danach M, entsprechend der Srickschrift, anschl. Durch die restl 24 M den Arbeitsfaden ziehen und festziehen.

Fertigstellung: Die rückwärtige Naht schließen.
Rund um die Mütze und die Ohrteile 1 R Kett-M und 2 R fe M häkeln.
In Grün aus 4 Fäden 2 Kordeln von 35 cm Länge anfertigen: Dazu das Garn 5,5-mal so lang wie die benötigte Kordellänge zuschneiden, 4 Fäden zur Hälfte legen und die Enden verknoten. Den Knoten an einem fixen Punkt befestigen (Haken, Türklinke) und durch die Schlaufe am anderen Ende eine Stricknadel stecken. Die Stricknadel lange und fest drehen. Dann den Faden erneut zur Hälfte legen und die 8 Fäden am unteren Ende wieder fest zusammendrehen, sodass sich die beiden Hälften zur Kordel verdrillen. Die Kordeln unten an den Ohrteilen an die Mütze nähen. 3 Pompons von 3 cm Durchmesser anfertigen: 1 in Braun, 1 in Apfelgrün und 1 in Braun, Apfelgrün, Rosa sowie Mahagoni.
Die Pompons oben an die Mütze nähen.

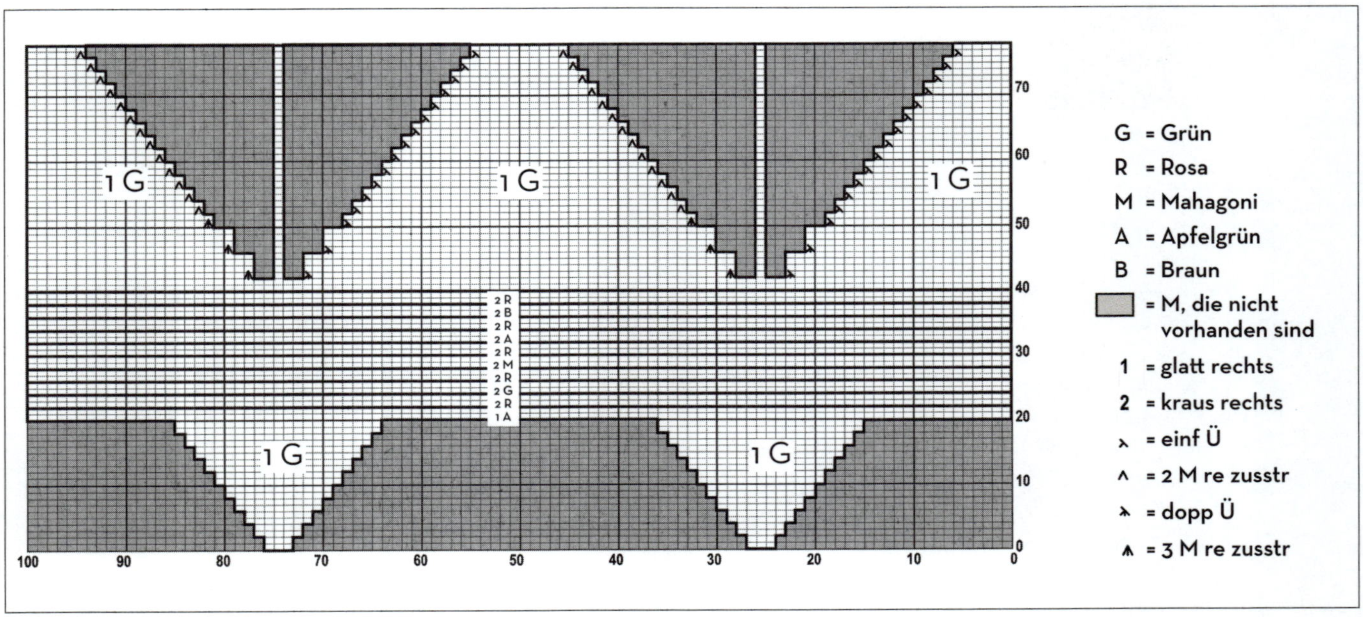

Zipfelmütze

Fotos Seite 63 und 64

Einheitsgröße: 0 – 6 Monate

Material
Strickgarn 100 % Wolle – Dunkelgrün:
1 Knäuel
Stricknadeln Nr. 3,5

Strickmuster: kraus rechts, Perlmuster
(s. Seite 135)
Maschenprobe: 21 M und 41 R mit Nadeln Nr. 3,5 im Perlmuster gestrickt = 10 x 10 cm

84 M anschl und im Perlmuster str, dabei beidseitig in jeder 4. R 32 x 1 M und in jeder 2. R 8 x 1 M abn. Die restl 4 M abk.

Fertigstellung: Die rückwärtige Naht schließen.
Zum Schluss 1 Pompon von 6 cm Durchmesser anfertigen und oben an die Mütze nähen.

Kleine Mütze

Foto Seite 68 – 69

Einheitsgröße: 0 – 9 Monate

Material
Strickgarn 100 % Wolle – Schwarz:
1 Knäuel
Stricknadeln Nr. 3

Strickmuster: glatt rechts.
Perlrippenmuster: Maschenanzahl teilbar durch 6 + 3 (siehe Strickschrift).
1. R: * 3 M re, 3 M Perlmuster *, 3 M re.
2. R: 3 M li, * 3 M Perlmuster, 3 M li *.
Die 1. – 2. R wdh.
Von * bis * so oft wdh, wie angegeben, oder bis zum Ende der Reihe.
Maschenprobe: 28 M und 37 R mit Nadeln Nr. 3 glatt rechts gestrickt = 10 x 10 cm.

140 M anschl und im Perlrippenmuster str, dabei mit 1 Rand-M beginnen und enden.
In 5 cm GH glatt rechts weiterstr, dabei in der folg 10. R mit den Abnahmen für die Rundung der Mütze beginnen und wie folgt str:
1. R: 1 Rand-M, * 1 einf Ü, 19 M re, 2 M re zusstr *; von * bis * 5 x wdh, 1 Rand-M.
3. R: 1 Rand-M, * 1 einf Ü, 17 M re, 2 M re zusstr *; von * bis * 5 x wdh, 1 Rand-M.
5. R: 1 Rand-M, * 1 einf Ü, 15 M re, 2 M re zusstr *; von * bis * 5 x wdh, 1 Rand-M.
Auf diese Weise weiter abn, dabei die Abnahmen übereinander arbeiten, bis zwischen einf Ü und 2 M re zusstr noch 1 M übrig ist (= 20 M).
Die folgende R: 1 Rand-M, * 3 M zusstr (den einfachen Überzug, die re M und die beiden re zusammengestrickten M) *, von * bis * 5 x wdh, 1 Rand-M.
Durch die restl 8 M den Arbeitsfaden ziehen und festziehen.

Fertigstellung: Die rückwärtige Naht schließen.

Reiskornrippenmuster

Von * bis * wdh
L = 1 Rand-M
I = in Hin-R 1 M re, in Rück-R 1 M li
— = in Hin-R 1 M li, in Rück-R 1 M re

Schal mit Pompons

Fotos Seite 60 – 61, 63 und 64, Variante Seite 34, 37 und 60 – 61

Einheitsgröße: 0 – 6 Monate

Material
Strickgarn 100 % Wolle – Dunkelgrün: 2 Knäuel
Stricknadeln Nr. 3,5

Strickmuster: Perlmuster (s. Seite 135)
Maschenprobe: 21 M und 41 R mit Nadeln Nr. 3,5 im Perlmuster gestrickt = 10 x 10 cm

In Dunkelgrün 30 M anschl und im Perlmuster str.
In 70 cm GH alle M abk.

Fertigstellung: 2 Pompons von 6 cm Durchmesser anfertigen. Beide schmalen Schalenden einkräuseln und an jedem Ende 1 Pompon annähen.

Variante
Material
Strickgarn 100 % Wolle – Blau: 2 Knäuel
Stricknadeln Nr. 3,5
Den Schal nach der Anleitung für den Schal in Dunkelgrün arbeiten.
Stricken Sie Schal und Mütze in einer Farbe, die zur Garderobe Ihres Babys passt.

Mütze mit Bändern

Fotos Seite 48 und 68 – 69

Einheitsgröße: 0 – 9 Monate

Material
Strickgarn 100 % Wolle – Beige und Braun: jeweils 1 Knäuel
Stricknadeln Nr. 5,5, Häkelnadel Nr. 3

Strick- und Häkelmuster: kraus rechts, fe M, Krebs-M

Man beginnt bei einem Ohrteil.
In Beige 5 M anschl und kraus rechts str, dabei beidseitig in jeder 2. R 7 x 1 M zun (= 19 M).
Die M stilllegen.
Ein zweites Ohrteil gleich str.
Wie folgt weiterstr: an der rechten Seite des ersten Ohrteils 8 M dazu anschl, die stillgelegten 19 M str, für die Vorderseite der Mütze 28 M dazu anschl, die stillgelegten 19 M des zweiten Ohrteils str und 8 M dazu anschl. Über die 82 M über 7 cm kraus rechts str. Dann wie folgt str:
1. R: 7 M str, * 1 dopp Ü, 10 M str *; von * bis * 4 x wdh, 1 dopp Ü, 7 M str (= 70 M).
5. R: 6 M str, * 1 dopp Ü, 8 M str *; von * bis * 4 x wdh, 1 dopp Ü, 6 M str (= 58 M).
9. R: 5 M str, * 1 dopp Ü, 6 M str *; von * bis * 4 x wdh, 1 dopp Ü, 5 M str (= 46 M).
13. R: 4 M str, * 1 dopp Ü, 4 M str *; von * bis * 4 x wdh, 1 dopp Ü, 4 M str (= 34 M).
17. R: 3 M str, * 1 dopp Ü, 2 M str *; von * bis * 4 x wdh, 1 dopp Ü, 3 M str (= 22 M).
21. R: 2 M str, 6 x (1 dopp Ü), 2 M str (= 10 M).
Durch die restl M den Arbeitsfaden ziehen und anziehen.

Fertigstellung: Die rückwärtige Mützennaht schließen.
In Braun rund um die Mütze 1 R fe M und 1 R Krebs-M häkeln.
In Braun 2 Kordeln mit 30 cm Länge anfertigen.
Dazu das Garn 5,5-mal so lang wie die benötigte Kordellänge zuschneiden, 4 Fäden zur Hälfte legen und die Enden verknoten. Den Knoten an einem fixen Punkt befestigen (Haken, Türklinke) und durch die Schlaufe am anderen Ende eine Stricknadel stecken. Die Stricknadel lange und fest drehen. Dann den Faden erneut zur Hälfte legen und die 8 Fäden am unteren Ende wieder fest zusammendrehen, sodass sich die beiden Hälften zur Kordel verdrillen.
Die Kordeln unten an den Ohrteilen an die Mütze nähen.
In Braun 2 Pompons von 3,5 cm Durchmesser anfertigen und unten, 2,5 cm vom oberen Ende der Ohrteile, an die Ohrteile nähen.

Schal mit Aranmustern

Fotos Seite 42, 48 und 60 – 61

Einheitsgröße

Material
Strickgarn 100 % Wolle – Beige: 3 Knäuel
Stricknadeln Nr. 6, Zopfmusternadel

Strickmuster: Rippenmuster 2/2, Fantasiemuster (siehe Strickschrift).
4 re M nach rechts verkreuzen: 2 M auf die Hilfsnadel hinter die Arbeit legen, die folg 2 M re, dann die 2 M der Hilfsnadel re str.
4 re M nach links verkreuzen: 2 M auf die Hilfsnadel vor die Arbeit legen, die folg 2 M re, dann die 2 M der Hilfsnadel re str.
3 re M über 1 li M nach rechts verkreuzen: 1 M auf die Hilfsnadel hinter die Arbeit legen, die folg 3 M re str, dann die M der Hilfsnadel li str.
3 re M über 1 li M nach links verkreuzen: 3 M auf die Hilfsnadel vor die Arbeit legen, die folgende M li str, dann die 3 M der Hilfsnadel re str.
Maschenprobe: 21 M und 25 R mit Nadeln Nr. 6 im Fantasiemuster gestrickt = 10 x 10 cm

26 M anschl und im Rippenmuster 2/2 str, dabei mit 2 M kraus rechts beginnen und enden. In 2 cm GH im Fantasiemuster weiterstr, dabei mit 2 M kraus rechts beginnen und enden. In 98 cm GH im Rippenmuster 2/2 weiterstr, dabei mit 2 M kraus rechts beginnen und enden.
In 100 cm GH alle M abk.

Fantasiemuster
Es sind nur die ungeraden R-Zahlen angegeben, in den geraden R die M str, wie sie erscheinen.

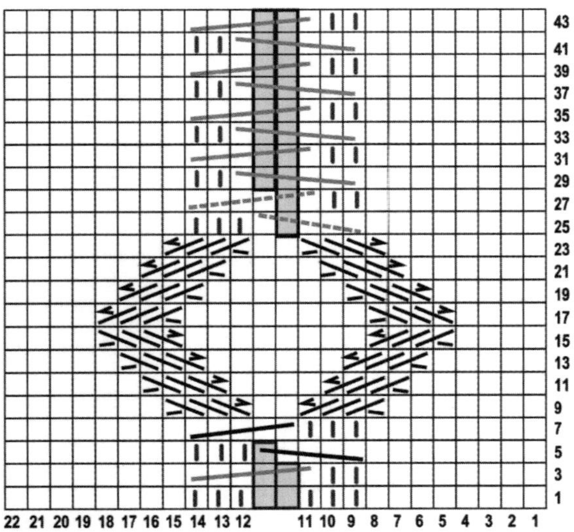

Von * bis * wdh.

- I = in Hin-R 1 M re, in Rück-R 1 M li
- □ = in Hin-R 1 M li, in Rück-R 1 M re
- = 4 re M nach rechts verkreuzen
- = 4 re M nach links verkreuzen
- = 2 re M auf die Hilfsnadel vor die Arbeit legen, die folg 2 M re str, dabei beim Stricken der 2. M 1 M zun, dann die 2 M der Hilfsnadel re str
- = 2 re M auf die Hilfsnadel hinter die Arbeit legen, die folg 2 M re str, dabei beim Stricken der 2. M 1 M zun, dann die 2 M der Hilfsnadel re str
- = 3 re M auf die Hilfsnadel vor die Arbeit legen, 1 M re str, dann die 1. M der Hilfsnadel und die folg M der linken Nadel re zusstr, die restl 2 M der Hilfsnadel re str
- = 3 re M auf die Hilfsnadel hinter die Arbeit legen, die folg 2 M re str, dann die folg 3. M mit der 1. M der Hilfsnadel re zusstr, die restl 2 M der Hilfsnadel re str
- = 3 re M über 1 li M nach rechts verkreuzen
- = 3 re M über 1 li M nach links verkreuzen
- = M, die nicht erscheinen

Fäustlinge

Fotos Seite 34, 37 und 60 – 61, Variante Seite 16

Größe: 12 Monate – 2 Jahre

Material
Strickgarn 100 % Wolle – Blau: 1 Knäuel
Stricknadeln Nr. 3,5 und 4

Strickmuster: Rippenmuster 1/1, kraus rechts

Mit Nadeln Nr. 3,5 54 M anschl und 3 cm im Rippenmuster 1/1 str. Dann mit Nadeln Nr. 4 kraus rechts weiterstr.
In 10 cm GH abn wie folgt: 2 M str, 2 M zusstr, 19 M str, 2 M zusstr, 4 M str, 2 M zusstr, 19 M str, 2 M zusstr, 2 M str.
Diese Abnahmen in jeder 2. R noch 9 x wdh, dabei die Abnahmen übereinander setzen. Den Faden kürzen, durch die restl M ziehen und fest anziehen.
Den **zweiten Fäustling** gleich str.
Für das Band mit Nadeln Nr. 3,5 5 M anschl und 45 cm kraus rechts str, dann alle M abk.

Fertigstellung: Bei beiden Fäustlingen die Naht schließen, dann an jedes Bandende einen Fäustling nähen.

Handschuhe

Fotos Seite 63 und 64

Einheitsgröße

Material
Strickgarn 100 % Wolle – Dunkelgrün:
2 Knäuel
Stricknadeln Nr. 3,5

Strickmuster: kraus rechts, Perlmuster
(s. Seite 135).
Zunahmen aus dem Querfaden: Unter dem Faden zwischen 2 M einstechen und re verschr abstricken.
Von * bis * so oft wdh, wie angegeben, oder bis zum Ende der Reihe.
Maschenprobe: 21 M und 41 R mit Nadeln Nr. 3,5 im Perlmuster gestrickt = 10 x 10 cm

35 M anschl und 3 cm im Perlmuster str. 1 Loch-R wie folgt str:
1 M re, * 1 U, 2 M re zusstr *, 2 M re. Dann 1 R im Perlmuster str und wie folgt weiterstr:
Beidseitig der Mittel-M für den Daumen zun:
1. R: 17 M im Perlmuster, 1 M aus dem Querfaden zun, 1 M im Perlmuster, 1 M aus dem Querfaden zun, 17 M im Perlmuster.
3. R: 17 M im Perlmuster, 1 M aus dem Querfaden zun, 3 M im Perlmuster, 1 M aus dem Querfaden zun, 17 M im Perlmuster.
5. R: 17 M im Perlmuster, 1 M aus dem Querfaden zun, 5 M im Perlmuster, 1 M aus dem Querfaden zun, 17 M im Perlmuster.
7. R: 17 M im Perlmuster, 1 M aus dem Querfaden zun, 7 M im Perlmuster, 1 M aus dem Querfaden zun, 17 M im Perlmuster.

9. R: 17 M im Perlmuster, 1 M aus dem Querfaden zun, 9 M im Perlmuster, 1 M aus dem Querfaden zun, 17 M im Perlmuster (= 45 M).
Dann über die mittleren 11 M str, dabei beidseitig 1 M abn; seitlich die jeweils 17 M stilllegen.

In 8 cm GH in der ganzen R jeweils 2 M re zusstr, die restl M abk.
Die stillgelegten 34 M wieder auf eine Nadel nehmen und im Perlmuster weiterstr, dabei 1 M abn (= 33 M).
In 10 cm GH in jeder 2. R abn wie folgt:
1. R: 1 M abn, 13 M im Perlmuster, 1 dopp Ü, 13 M im Perlmuster, 1 M abn (= 29 M).
3. R: 1 M abn, 11 M im Perlmuster, 1 dopp Ü, 11 M im Perlmuster, 1 M abn (= 25 M).
5. R: 1 M abn, 9 M im Perlmuster, 1 dopp Ü, 9 M im Perlmuster, 1 M abn (= 21 M).
7. R: 1 M abn, 7 M im Perlmuster, 1 dopp Ü, 7 M im Perlmuster, 1 M abn (= 17 M).
Die restl M abk.
Den **zweiten Handschuh** gleich str.

Fertigstellung: Die Daumen- und Seitennaht schließen.
Eine Kordel von 45 cm Länge anfertigen. Dazu das Garn 5,5-mal so lang wie die benötigte Kordellänge zuschneiden, 4 Fäden zur Hälfte legen und die Enden verknoten. Den Knoten an einem fixen Punkt befestigen (Haken, Türklinke) und durch die Schlaufe am anderen Ende eine Stricknadel stecken. Die Stricknadel lange und fest drehen. Dann den Faden erneut zur Hälfte legen und die 8 Fäden am unteren Ende wieder fest zusammendrehen, sodass sich die beiden Hälften zur Kordel verdrillen.
Die Kordel durch die Loch-R eines Handschuhs ziehen. Auf die gleiche Weise eine zweite Kordel für den zweiten Handschuh anfertigen.

Strumpf-hausschuhe

Foto Seite 32 – 33

Einheitsgröße

Material
Strickgarn 100 % Wolle – Beige und Braun:
jeweils 1 Knäuel
Knöpfe: 2
Stricknadeln Nr. 2,5, Häkelnadel Nr. 2

Strick- und Häkelmuster: Rippenmuster 2/2, glatt rechts, Kett-M, fe M
Maschenprobe: 28 M und 38 R mit Nadeln Nr. 2,5 glatt rechts gestrickt = 10 x 10 cm

Man beginnt beim Bündchen.
Mit Nadeln Nr. 2,5 in Beige 42 M anschl und im Rippenmuster 2/2 wie folgt str: 2 R in Beige, 4 R in Braun, dabei mit 2 M li beginnen.
In 1,5 cm GH in Beige glatt rechts weiterstr.
In 5 cm GH an beiden Seiten die äußeren 14 M stilllegen und für die Oberseite des Schuhs über die mittleren 14 M über weitere 4 cm glatt rechts str. Dann diese M stilllegen.
Dann die stillgelegten 14 M der rechten Seite wieder aufn, an der Seitenkante der Oberseite 14 M aufn, die stillgelegten mittleren 14 M aufn, an der anderen

Seitenkante der Oberseite 14 M aufn und die stillgelegten 14 M der linken Seite wieder aufn (= 70 M).
In Braun kraus rechts weiterstr.
In der 11. R für die Sohle wie folgt weiterstr: An beiden Seiten die äußeren 28 M stilllegen und über die mittleren 14 M weiterstr, dabei an jedem R-Ende die folg der 14 M mit der 1. M der stillgelegten 28 M zusstr. Auf diese Weise weiterarbeiten, bis auf beiden Seiten noch 6 M von den 14 Mittel-M übrig sind. Die restlichen M abk.

Fertigstellung: Die rückwärtige Naht und die Fersennaht schließen.
Hinten am Schuh in Braun eine Borte wie folgt häkeln: 1 R Kett-M + 18 Luft-M für den Riemen häkeln. Über diese noch 1 R fe M häkeln. Den Riemen mit unsichtbaren Stichen am Schuh befestigen. Den Knopf annähen.
Den zweiten Schuh auf die gleiche Weise fertigstellen.

Wichtelschuhe

Fotos Seite 20 und 37

Einheitsgröße

Material
Strickgarn100 % Wolle – Blau: 2 Knäuel
Stricknadeln Nr. 3,5

Strickmuster: kraus rechts, Perlmuster (s. Seite 135)
Doppelte Abnahme: 2 M zus auf die rechte Nadel heben, die folg M str. die beiden abgehobenen M über die gestrickte M ziehen.
Von * bis * so oft wdh, wie angegeben, oder bis zum Ende der Reihe.
Maschenprobe: 21 M und 41 R mit Nadeln Nr. 3,5 im Perlmuster gestrickt = 10 x 10 cm

35 M anschl und 12 R im Perlmuster str, dann 1 Loch-R wie folgt arbeiten: 1 M re, * 1 U, 2 M re zusstr *, 2 M re und 5 R im Perlmuster str.
Dann an beiden Seiten die äußeren 13 M stilllegen und für die Oberseite über die mittleren 9 M 20 R im Perlmuster str. Anschließend an der rechten Seite die stillgelegten 13 M wieder aufn, an der Seitenkante der Oberseite 12 M aufn, die mittleren 9 M aufn, 12 M an der anderen Seitenkante der Oberseite aufn und die stillgelegten 13 M an der linken Seite wieder aufn (= 59 M).
6 R im Perlmuster str, dann kraus rechts weiterstr, dabei abn wie folgt:
1. R: 6 M re, 2 M re zusstr. 17 M re, 2 M re zusstr, 5 M re, 2 M re zusstr, 17 M re, 2 M re zusstr, 6 M re (= 55 M).
3. R: 5 M re, 2 M re zusstr, 17 M re, 2 M re zusstr, 3 M re, 2 M re zusstr, 17 M re, 2 M re zusstr, 5 M re (= 51 M).
5. R: 4 M re, 2 M re zusstr, 16 M re, 2 M re zusstr, 3 M re, 2 M re zusstr, 16 M re, 2 M re zusstr (= 47 M).
7. R: 3 M re, 2 M re zusstr, 16 M re, 2 M re zusstr, 1 M re, 2 M re zusstr, 16 M re, 2 M re zusstr, 3 M re (= 43 M).
9. R: 2 M re, 2 M re zusstr, 16 M re, 1 doppelte Abnahme, 16 M re, 2 M re zusstr, 2 M re (= 39 M).
11. R: 1 M re, 2 M re zusstr, 15 M re, 1 doppelte Abnahme, 15 M re, 2 M re zusstr, 1 M re (= 35 M).
In der 12. R die restlichen M abk.

Fertigstellung: Die Sohlennaht und die rückwärtige Naht schließen. 2 Kordeln von 40 cm Länge anfertigen und durch die Loch-R an den Schuhen ziehen.

Hausschuh-socken

Foto Seite 32–33

Einheitsgröße: 0–3 Monate

Material
Strickgarn 100 % Wolle – Beige, Lila: jeweils 1 Knäuel
Stricknadeln Nr. 2,5 und 3
Knöpfe: 2

Strickmuster: kraus rechts, Rippenmuster 1/1
Maschenprobe: 29 M und 45 R im Rippenmuster 1/1 mit Nadeln Nr. 2,5 gestrickt = 10 x 10 cm

Oben an der Socke beginnen.
Mit Nadeln Nr. 2,5 in Beige 47 M anschl und im Rippenmuster 1/1 str.
In der 20. R an beiden Seiten die äußeren 18 M stilllegen und über die mittleren 11 M 2 cm im Rippenmuster 1/1 weiterstr.
Dann mit Nadeln Nr. 3 in Lila 8 R kraus rechts str.
Anschließend an der rechten Seite die stillgelegten 18 M wieder aufn, entlang der rechten Kante der Oberseite 8 M aufn, die mittleren 11 M aufn, entlang der linken Kante der Oberseite 8 M aufn und die stillgelegten 18 M an der linken Seite aufn (= 63 M).
Über 12 R kraus rechts weiterstr.
Dann an beiden Seiten die äußeren 26 M stilllegen und über die mittleren 11 M weiterstr, dabei an jedem R-Ende die folgende der 11 M mit der folg M der stillgelegten 26 M zusstr, bis auf beiden Seiten noch 6 M übrig bleiben. Alle M abk.

Riemen: Mit Nadeln Nr. 3 in Lila 18 M anschl und kraus re str, dabei in der 3. R mit 3 M Randabstand 1 Knopfloch arbeiten (2 M re zusstr, 1 U). In der 6. R alle M abk.
Den **zweiten Riemen** gegengleich str.

Fertigstellung: Die Schuhnähte schließen. Die Riemen und die Knöpfe an die Schuhe nähen.

VARIANTE
Material
Strickgarn 100 % Wolle – Schilf, Graublau: jeweils 1 Knäuel
Stricknadeln Nr. 2,5 und 3
Knöpfe: 2
Auf dieselbe Weise anfertigen. Ob Sie die Schuhe in zwei unterschiedlichen Farben oder einfarbig stricken – dieses Modell hält die Füßchen Ihres Babys immer schön warm.

Hausschuhe mit Pompons

Foto Seite 32–33

Einheitsgröße: 0–3 Monate

Material
Strickgarn 100 % Wolle – Lila, Braun, Mahagoni: jeweils 1 Knäuel
Stricknadeln Nr. 2,5, Häkelnadel Nr. 2,5

Strickmuster: kraus rechts, glatt rechts, Rippenmuster 2/2
Maschenprobe: 28 M und 38 R mit Nadeln Nr. 2,5 glatt rechts gestrickt = 10 x 10 cm

In Mahagoni 34 M anschl und 14 R kraus rechts str, dabei in jeder 2. R zun wie folgt:
An beiden Seiten 6 x 1 M zun und beidseitig der Mittel-M 6 x 1 M zun (= 58 M).
Zu Lila wechseln und 8 R glatt rechts und 2 R kraus rechts str.
An beiden Seiten die äußeren 24 M stilllegen und über die mittleren 10 M glatt rechts weiterstr, dabei an jedem R-Ende die folgende der mittleren 10 M mit der 1. der stillgelegten M zusstr (am R-Beginn: 1 einf Ü, am R-Ende: 2 M zusstr), bis auf beiden Seiten noch 16 M übrig bleiben. Dann über die restl 42 M in Lila 12 R im Rippenmuster 2/2, in Braun 6 R glatt rechts str und anschließend alle M abk.

Fertigstellung: Die Schuhnähte schließen und die Naht über die 6 R in Mahagoni am Schaft für das Rollbündchen nach außen legen.
4 Pompons von 2 cm Durchmesser anfertigen: 2 in Braun und 2 in Braun + Mahagoni + Lila.
Die Pompons auf die Schuhoberseite nähen.

Schühchen mit Blumen

Fotos Seite 26–27, 32–33 und 51

Einheitsgröße: 0–3 Monate

Material
Strickgarn 100 % Wolle – Braun, Beige und Himbeere: jeweils 1 Knäuel
Stricknadeln Nr. 3, Häkelnadel Nr. 3
Knöpfe: 2
Perlen: 2

Strick- und Häkelmuster: kraus rechts, glatt rechts, Stäbchen, Doppelstäbchen
Stickerei: Kettenstich, Margeritenstich
Maschenprobe: 28 M und 38 R mit Nadeln Nr. 2,5 glatt rechts gestrickt = 10 x 10 cm

Schuh:
Mit Nadeln Nr. 3 in Beige 34 M anschl und kraus rechts str, dabei an beiden Seiten und beidseitig der Mittel-M in jeder 6. R jeweils 6 x 1 M zu (= 58 M).
Dann 12 R kraus rechts gerade hochstr.
An beiden Seiten die äußeren 24 M stilllegen und über die mittleren 10 M kraus rechts weiterstr, dabei an jedem R-Ende die folgende der 10 M mit der stillgelegten 1. M zusstr, bis auf jeder Seite noch 16 M übrig sind. In Braun über alle M 2 R kraus rechts str und alle M abk.
Den **zweiten Schuh** gleich str.

Blume:
Mit der Häkelnadel Nr. 3 in Himbeere 3 Luft-M anschl und mit 1 Kett-M zum Ring schließen. Weiter arbeiten wie folgt: * 9 Luft-M, 1 Stäbchen in die 4. Luft-M, 1 Doppelstäbchen in jede der 4 folg M, 1 Stäbchen, 1 Kett-M in den Ring *; von * bis * 4 x wdh.
Die **zweite Blume** gleich häkeln.

Verschlussleiste:
Mit Nadeln Nr. 3 in Braun 42 M anschl und 8 R kraus rechts str. In der 4. R mit 3 M Randabstand 1 Knopfloch über 1 M arbeiten. Alle M abk.
Die **zweite Verschlussleiste** gegengleich str.

Fertigstellung: Die Sohlennaht und die rückwärtige Naht schließen. Die Verschlussleiste beidseitig von der Naht über 2 cm annähen.
Den Knopf, die Blume und die Perle aufnähen.

Stiefelchen

Foto Seite 32–33

Einheitsgröße: 0–3 Monate

Material
Strickgarn 100 % Wolle – Schwarz: 1 Knäuel
Stricknadeln Nr. 2,5
Knöpfe: 2

Strickmuster: kraus rechts, glatt rechts
Maschenprobe: 28 M und 38 R mit Nadeln Nr. 2,5 glatt rechts gestrickt = 10 x 10 cm

Rechter Schuh: Mit Nadeln Nr. 2,5 36 M anschl und kraus rechts str, dabei an beiden Seiten sowie beidseitig der 2 Mittel-M in jeder 2. R 3 x 1 M zun (= 48 M). 6 R gerade hochstr, die 7. R wie folgt str: 11 M re, 13 x (2 M re zusstr), 11 M re (= 35 M).
Wie folgt weiterstr: 2 R glatt rechts, 4 R kraus rechts, 2 R glatt rechts, dabei beidseitig der 5 Mittel-M in jeder 2. R 4 x 1 M abn (am R-Beginn: 1 einf Ü, am R-Ende: 2 M re zusstr) (= 27 M).
Kraus rechts wie folgt weiterstr: 7 M str, 13 M abk, die folg 7 M str.
Die 7 M an der rechten Seite stilllegen, über die 7 M der linken Seite über 5 R kraus rechts weiterstr, dann alle M abk.
Die 7 M der rechten Seite wieder aufn, 16 M für den Verschluss dazuanschl und 5 R kraus rechts str. In der 4. R mit 2 M Randabstand 1 Knopfloch (2 M zusstr, 1 U) arbeiten. Dann alle M abk.
Den **linken Schuh** gegengleich arbeiten.

Fertigstellung: Die untere und die rückwärtige Schuhnaht schließen.
Die Knöpfe annähen.

Babyschuhe

Fotos Seite 38 und 42, Variante Seite 32 – 33 und 54 – 55

Einheitsgröße: 0 – 3 Monate

Material
Strickgarn 100 % Wolle – Silbergrau: 1 Knäuel
Stricknadeln Nr. 3
Knöpfe: 2

Strickmuster: kraus rechts, glatt rechts.
Von * bis * so oft wdh, wie angegeben, oder bis zum Ende der Reihe.
Maschenprobe: 24 M und 34 R mit Nadeln Nr. 2,5 glatt rechts gestrickt = 10 x 10 cm

Schuh: Man beginnt an der Sohle.
37 M anschl und 10 R kraus rechts str, dabei in der 2., 4. und 6. R an beiden Seiten und beidseitig der Mittel-M jeweils 1 M zun (= 49 M).
Dann in der 11. R wie folgt str: * 1 tiefer gestochene M (1 M re str, dabei die Nadel in die darunterliegende M einstechen), 1 M re *, enden mit 1 tiefer gestochenen M.
Die 12. R wie folgt str: 1 M re, * 1 tiefer gestochene M, 1 M re *.
Die 11. R und 12. R noch 3 x wdh, dann die 11. R nochmals arbeiten.
An beiden Seiten die äußeren 19 M stilllegen und über die mittleren 11 M glatt rechts weiterstr wie folgt: 1 R str, wenden. In der folg R wie folgt arbeiten: * 1 M re, die folgende stillgelegte M über diese M ziehen, die folg 10 M str, 2 M zusstr (die folgende der 11 M und die 1. M der stillgelegten M), wenden, die mittleren 11 M li str, wenden *; von * bis * so oft wdh, bis sich auf beiden Seiten noch 14 stillgelegte M befinden.
Dann über die 39 M 2 R kraus rechts str und wie folgt weiterarbeiten: 10 M re, die folg 19 M abk, die folg 10 M re, die Arbeit wenden.
Für die Schuhseite über diese 10 M 6 R kraus rechts str. Dann für die Riemchen 12 M dazu anschlagen und 5 R kraus rechts str, dabei in der 3. R mit 2 M Randabstand 1 Knopfloch (1 U, 2 M zusstr) arbeiten. Alle M abk.
Die 10 M der anderen Seite aufn und kraus rechts str, in der 12. R alle M abk.
Den **zweiten Schuh** gleich str, das Riemchen gegengleich.

Fertigstellung: Die Schuhnaht schließen, die Knöpfe annähen.

VARIANTE
Strickgarn 100 % Wolle – Blau: 1 Knäuel
Stricknadeln Nr. 3
Knöpfe: 2
Diese kleinen Babyschuhe können Sie auch für den Sommer aus Baumwolle stricken. Dazu wählen Sie ein Garn, das dieselbe Lauflänge wie das empfohlene Garn besitzt.

Zweifarbige Schuhe

Fotos Seite 22 und 32 – 33

Einheitsgröße: 0 – 3 Monate

Material
Strickgarn 100 % Wolle – Dunkelgrün, Bronze: jeweils 1 Knäuel
Stricknadeln Nr. 3
Knöpfe: 2
Strickmuster: kraus rechts.
Von * bis * so oft wdh, wie angegeben, oder bis zum Ende der Reihe.
Maschenprobe: 22 M und 30 R mit Nadeln Nr. 2,5 glatt rechts gestrickt = 10 x 10 cm

Mit Nadeln Nr. 3 in Dunkelgrün 20 M anschl und kraus rechts str, dabei an beiden Seiten und beidseitig der 2 Mittel-M in jeder 2. R 5 x 1 M zun (= 40 M).
In Bronze kraus rechts über 12 R weiterstr. Dann an beiden Seiten die äußeren 17 M stilllegen und über die mittleren 6 M kraus rechts weiterstr wie folgt: An jedem R-Ende die letzte der 6 Mittel-M mit der folg der stillgelegten M zusstr, bis sich auf beiden Seiten noch 11 stillgelegte M befinden.
Dann über alle M 2 R kraus rechts str. Alle M abk.
Den **zweiten Schuh** gleich str.

Riemchen: Mit Nadeln Nr. 3 in Dunkelgrün 38 M anschl und 4 R kraus rechts str, dabei in der 2. R mit 3 M Randabstand 1 Knopfloch über 2 M arbeiten (2 M re zusstr, 1 U). Alle M abk. Das **zweite Riemchen** gegengleich str.

Fertigstellung: Die Sohlennaht und die rückwärtige Schuhnaht schließen. Das Riemchen beidseitig der Naht über 2 cm annähen. Die Knöpfe annähen.

Decke mit Aranmustern

Foto Seite 26 – 27

Maße: 57 x 72 cm

Material
Strickgarn 100 % Wolle – Bronze: 8 Knäuel
Stricknadeln Nr. 5 und 1 Zopfmusternadel

Strickmuster: kraus rechts, glatt rechts, glatt links
Zopfmuster: über 12 M (siehe Strickschrift).
12 re M nach links verkreuzen: 6 M auf die Hilfsnadel vor die Arbeit legen, die folg 6 M re str, dann die 6 M der Hilfsnadel re str.
Von * bis * so oft wdh, wie angegeben, oder bis zum Ende der Reihe.
Maschenprobe: 19 M und 27 R glatt links und im Zopfmuster mit Nadeln Nr. 5 gestrickt = 10 x 10 cm

107 M anschl und 7 cm kraus rechts str, dabei beidseitig in jeder 2. R mit 1 M Randabstand 12 x 1 M abn (= 83 M). Weiterstr wie folgt: 1 Rand-M, 6 M glatt links, * 12 M Zopfmuster, 7 M glatt links *; ab * 2 x wdh, 12 M Zopfmuster, 6 M glatt links, 1 Rand-M.
In 65 cm GH (in der 155. R) kraus rechts str, dabei beidseitig in jeder 2. R mit 1 M Randabstand 12 x 1 M zun (= 107 M). In 72 cm GH alle M abk.

Fertigstellung: An jeder Seitenkante der Decke 117 M aufn und kraus rechts str, dabei beidseitig in jeder 2. R mit 1 M Randabstand 11 x 1 zun (= 139 M). In 7 cm GH alle M abk. Die Ecknähte schließen, dazu die schrägen Seiten im Kettenstich verbinden.

Zopfmuster

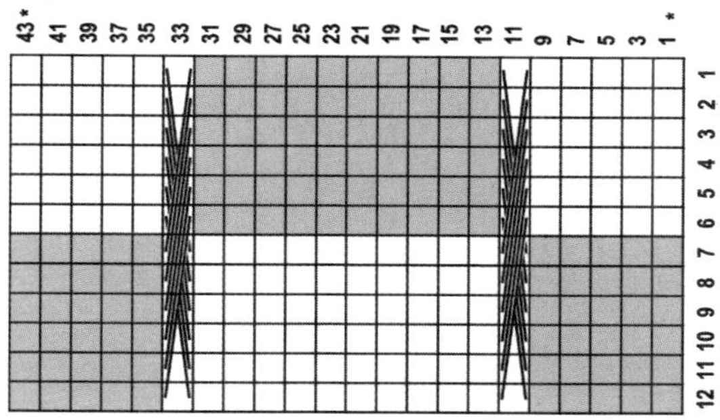

Von * bis * wdh

☐ = in Hin-R 1 M re, in Rück-R 1 M li

■ = in Hin-R 1 M li, in Rück-R 1 M re

= 12 re M nach links verkreuzen

Decke mit geometrischem Muster

Foto Seite 20

Maße: 120 x 80 cm

Material
Strickgarn 100 % Wolle – Zinn, Bronze, Saphirblau und Pflaume: jeweils 4 Knäuel in jeder Farbe
- Beige: 1 Knäuel
Stricknadeln Nr. 5

Strickmuster: glatt rechts, kraus rechts
Stickerei: auseinandergezogener Langettenstich
Maschenprobe: 15 M und 24 R mit Nadeln Nr. 5 glatt rechts gestrickt = 10 x 10 cm

Die Decke wird aus 16 Rechtecken (4 Rechtecke in jeder Farbe: Zinn, Bronze, Saphirblau und Pflaume) zusammengesetzt.
Für 1 Rechtecke 30 M anschl und wie folgt str: 1 M kraus rechts, 28 M glatt rechts, 1 M kraus rechts. In 30 cm GH alle M abk.

Fertigstellung: Die Rechtecke nach dem unten stehenden Schema zusammennähen. Die Decke rundherum im Langettenstich in Beige verzieren.

Z = Zinn
B = Bronze
SB = Saphirblau
P = Pflaume

120 cm

Z	B	SB	P
P	SB	B	Z
SB	P	Z	B
B	Z	P	SB

80 cm

Schlafsack für Mädchen

Foto Seite 58

Einheitsgröße: 0–6 Monate

Material
Strickgarn 100 % Wolle – Altrosa:
3 Knäuel – **Rosa, Rot, Braun:** jeweils 1 Knäuel
Stricknadeln Nr. 3, Häkelnadel Nr. 3

Knöpfe: 5
Strickmuster: glatt rechts, kraus rechts, Streifenmuster (* 4 R in Altrosa, 4 R in Rosa, 4 R in Rot, 4 R in Braun *; von * bis * wdh)
Maschenproben: 28 M und 37 R mit Nadeln Nr. 3 glatt rechts gestrickt = 10 x 10 cm
28 M und 54 R mit Nadeln Nr. 3 kraus rechts gestrickt = 10 x 10 cm

Rückenteil: In Altrosa 86 M anschl und glatt rechts str.
In 45 cm GH für die Position der Ärmel beidseitig mit einem andersfarbigen Garn die Rand-M markieren.
In 54 cm GH alle M abk und mit einem andersfarbigen Garn die mittleren 34 M für den Halsausschnitt markieren.

Rechtes Vorderteil: Dieses wird in zwei Teilen gestrickt.
1. Teil: In Altrosa 36 M anschl und glatt rechts str.
In 45 cm GH für die Position der Ärmel mit einem andersfarbigen Garn die linke Rand-M markieren.
In 54 cm GH alle M abk und mit einem andersfarbigen Garn an der rechten Seite die äußeren 10 M für den Halsausschnitt markieren.
2. Teil: In Altrosa 14 M anschl und im Streifenmuster kraus rechts str.
Achtung: Der Farbwechsel erfolgt immer auf der rechten Seite der Arbeit.
In 54 cm GH alle M abk.
Das **linke Vorderteil** gegengleich str.

Ärmel: In Altrosa 52 M anschl und über 5 cm (28 R) im Streifenmuster kraus rechts str.
Achtung: Der Farbwechsel erfolgt immer auf der rechten Seite der Arbeit.
Dann in Altrosa glatt rechts weiterstr.
In 11 cm GH alle M abk.
Den **zweiten Ärmel** gleich str.

Kapuze: In Altrosa 124 M anschl und über 3 cm (16 R) m Streifenmuster kraus rechts str.
Achtung: Der Farbwechsel erfolgt immer auf der rechten Seite der Arbeit.
Dann in Altrosa glatt rechts weiterstr.
In 12 cm GH für die Schräge beidseitig in jeder 2. R 6 x 1 M und 5 x 2 M abn, dann die restl 92 abk.

Fertigstellung: Die beiden Einzelteile der beiden Vorderteile zusammennähen. Die Schulternähte schließen, die Ärmel einsetzen.

Das linke Vorderteil über das rechte Vorderteil legen und die Naht von unten nach oben über 15 cm schließen.
Die Seitennähte, die Kapuzennaht und die untere Naht am Schlafsack schließen.
Die Kapuze an den Schlafsack nähen, dabei 2,5 cm von der Kante entfernt beginnen.
Am linken Vorderteil im Abstand von jeweils 7 cm 5 Knopflochschlaufen in Braun häkeln. Die Knöpfe annähen.

Schlafsack für Jungen

Foto Seite 54 - 55

Einheitsgröße: 0 - 6 Monate

Material
Strickgarn 100 % Wolle - Zinn: 7 Knäuel
- Saphirblau: 1 Knäuel
Stricknadeln Nr. 5, Häkelnadel Nr. 4
Knöpfe: 12

Strick- und Häkelmuster: Rippenmuster 2/2, glatt rechts, Kett-M, fe M
Von * bis * so oft wdh, wie angegeben, oder bis zum Ende der Reihe.
Maschenprobe: 17 M und 25 R mit Nadeln Nr. 5 glatt rechts gestrickt = 10 x 10 cm

In Zinn 76 M anschl und 6 R im Rippenmuster 2/2 str, dabei mit 1 Rand-M, 2 M re beginnen und mit 2 M re, 1 Rand-M enden.
In 1,5 cm GH an beiden Seiten mit 2 M Randabstand jeweils 1 Knopfloch arbeiten (2 M abk, in der folg R 2 M wieder neu anschl). In 5 cm Abstand noch 3 weitere Knopflöcher arbeiten.
Im Streifenmuster glatt rechts wie folgt weiterstr: * 4 R in Saphirblau, 4 R in Zinn *; von * bis * 1 x wdh, dann 4 R in Saphirblau arbeiten und anschließend in Zinn weiterstr.
In 127 cm GH wie folgt glatt rechts weiterstr: * 4 R in Saphirblau, 4 R in Zinn *; von * bis * 1 x wdh, dann 4 R in Saphirblau, dann 6 R in Zinn im Rippenmuster 2/2, dabei mit 2 M re beginnen und enden. Gleichzeitig in der 3. R Knopflöcher wie folgt arbeiten: 46 M str, 2 M abk (in der folg R 2 M wieder neu anschl), * 9 M str, 2 M abk (in der folg R 2 M wieder neu anschl) *, von * bis * 2 x wdh, 3 M str. Dann alle M abk.

Fertigstellung: Das untere Ende über 54 cm nach oben schlagen und die Seitennähte des Schlafsacks über 33 cm schließen.
Über die Kapuzenkanten und die Seitenkanten, die offen bleiben, 1 R Kett-M und 1 R fe M häkeln.
1 Quastenpompon anfertigen und oben an die Kapuze nähen.
Die Knöpfe an das Vorderteil und an die Kapuze nähen.

Sternenkissen

Foto Seite 43

Maße: 46 x 48 cm

Material **Strickgarn 100 % Wolle – Silbergrau:** 6 Knäuel – **Braun:** 3 Knäuel **Stricknadeln Nr. 4, Häkelnadel Nr. 3** **Füllmaterial**	**Strick- und Häkelmuster:** glatt rechts, fe M, Krebs-M **Stickerei:** Kreuzstich **Maschenprobe:** 22 M und 30 R mit Nadeln Nr. 4 glatt rechts gestrickt = 10 x 10 cm

Das Kissen wird in zwei Teilen gestrickt.
1. Teil: Insgesamt 105 M anschl wie folgt: 35 M in Silbergrau, 35 M in Braun, 35 M in Silbergrau. Glatt rechts str und nach 35 R die Farben vertauschen.
In der 140. R alle M abk.
2. Teil: 105 M in Silbergrau anschl und glatt rechts str. In der 140. R alle M abk.

Fertigstellung: Das 1. Teil nach dem Stickmuster besticken. Die beiden Teile rechts auf rechts aufeinanderlegen und bis auf eine Seite die Seitennähte schließen. Das Kissen wenden und mit Füllmaterial füllen, dann die vierte Seite mit unsichtbaren Stichen schließen.
Das Kissen rundherum in Silbergrau mit 2 R fe M und 1 R Krebs-M in Braun umhäkeln.
In Silbergrau 4 Quasten aus 72 Fäden von 14 cm Länge anfertigen (zur Hälfte gelegt) und diese mit silbergrauem Garn an die Kissenecken nähen.

Stickerei

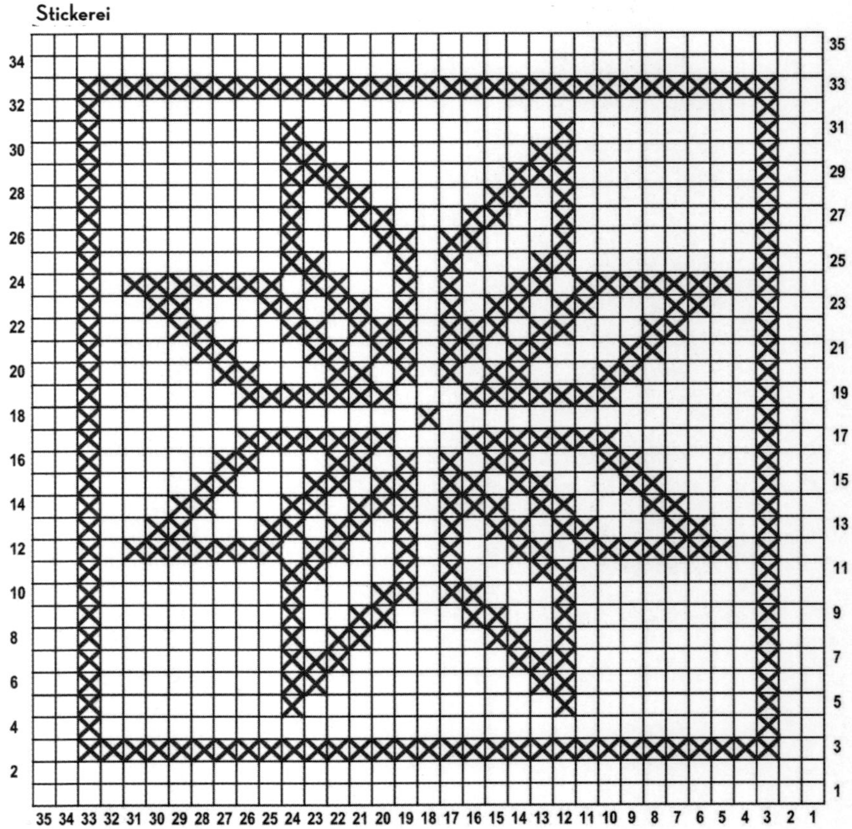

X = Kreuzstich
Braun auf silbergrauem Grund oder Silbergrau auf braunem Grund

▩ = glatt rechts in Silbergrau
□ = glatt rechts in Braun

Sternendecke

Foto Seite 42

Maße: 62 x 95 cm

Material
Strickgarn 100 % Wolle – Silbergrau: 7 Knäuel – **Braun:** 5 Knäuel
Stricknadeln Nr. 4,
Häkelnadel Nr. 3

Strick- und Häkelmuster: glatt rechts, fe M, Krebs-M
Stickerei: Kreuzstich
Maschenprobe: 22 M und 30 R mit Nadeln Nr. 4 glatt rechts gestrickt = 10 x 10 cm

Die Decke wird in zwei Teilen gestrickt.
1. Teil: Insgesamt 71 M anschl wie folgt: 35 M in Silbergrau + 1 M für die Naht, 35 M in Braun.
Glatt rechts str und nach 35 R die Farben vertauschen.
In der 280. R alle M abk.
2. Teil: Wie das 1. Teil str, dabei 35 M in Silbergrau und 36 M in Braun anschl.

Fertigstellung: Die beiden Teile zusammennähen. Rund um die Decke in Silbergrau 2 R fe M und in Braun 1 R Krebs-M häkeln. Die Decke nach der Stickschrift besticken (Stern siehe linke Seite).
In Silbergrau 4 Quasten aus 72 Fäden von 14 cm Länge anfertigen (zur Hälfte gelegt) und diese mit braunem Garn an die Kissenecken nähen.

Stickerei

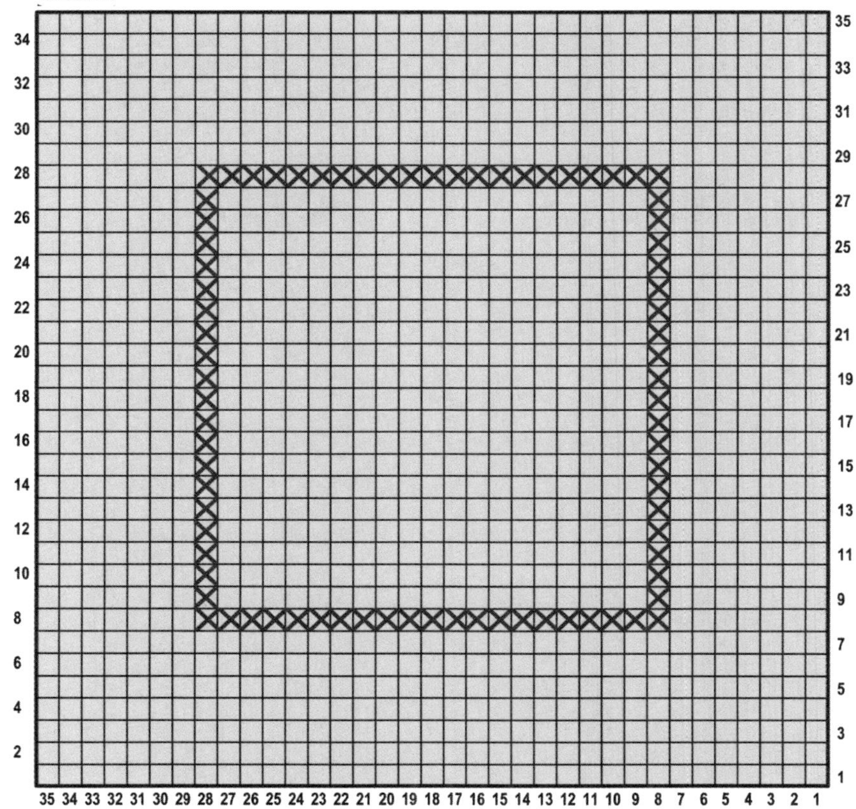

Kuscheltier

Foto Seite 65

Größe: 35 cm

Material
Strickgarn 100 % Wolle – Braun: 4 Knäuel – **Dunkelgrün:** 2 Knäuel – **Rosa:** Wollrest
Stricknadeln Nr. 3
Knopf: 1
Füllmaterial

Strickmuster: glatt rechts
Zunahmen aus dem Querfaden: Unter dem Faden zwischen 2 M einstechen und re verschr abstricken.
Von * bis * so oft wdh, wie angegeben, oder bis zum Ende der Reihe.
Stickerei: Stielstich, Spannstich
Maschenprobe: 26 M und 34 R mit Nadeln Nr. 3 glatt rechts gestrickt = 10 x 10 cm

Kopf: Man beginnt bei der Nase. 7 M in Dunkelgrün anschl und glatt rechts wie folgt str:
1. R: In jede M 2 M re str (= 14 M). **2. und alle folg geraden R:** Alle M li str. **3. R:** In jede M 2 M re str (= 28 M). **5. R:** Alle M re str. **7. R:** * 1 M re, 2 M re in die folg M *; von * bis * wdh (= 42 M). Weitere 5 R glatt rechts str und alle M abk.
An der Abkettkante 42 M in Braun aufn, 1 R li M str, dann wie folgt weiterstr: **1. R:** 15 M str, in die folg M 2 M re, 7 M str, in die folg M 2 M re, 16 M str (= 46 M). **2. R und alle folg geraden R:** Alle M li str. **3. R:** 16 M str, in die folg M 2 M re, 9 M str, in die folg M 2 M re, 17 M str (= 50 M). **5. R:** 17 M str, in die folg M 2 M re, 11 M str, in die folg M 2 M re, 18 M str (= 54 M). **7. R:** 18 M str, in die folg M 2 M re, 13 M str, in die folg M 2 M re, 19 M str (= 58 M). **9. R:** 7 M str, * 1 M aus dem Querfaden zun, 1 M re *; von * bis * 9 x wdh, 1 M aus dem Querfaden zun, 24 M str, * 1 M aus dem Querfaden zun, 1 M re *; von * bis * 9 x wdh, 1 M aus dem Querfaden zun, 7 M str (= 80 M). 13 R gerade hochstr, dann für die Rückseite des Kopfs abn wie folgt: **1. R:** 10 M str, 1 dopp Ü, * 16 M str, 1 dopp Ü *; von * bis * 2 x wdh, 10 M str (= 72 M). **3. R:** 9 M str, 1 dopp Ü, * 14 M str, 1 dopp Ü *; von * bis * 2 x wdh, 9 M str (= 64 M). **5. R:** 8 M str, 1 dopp Ü, * 12 M str, 1 dopp Ü *; von * bis * 2 x wdh, 8 M str (= 56 M). **7. R:** 2 M zusstr, 5 M str, 1 dopp Ü, * 10 M str, 1 dopp Ü *; von* bis * 2 x wdh, 5 M str, 2 M zusstr (= 46 M). **9. R:** 5 M str, 1 dopp Ü, * 8 M str, 1 dopp Ü *; von * bis * 2 x wdh, 5 M str (= 38 M). **11. R:** 4 M str, 1 dopp Ü, * 6 M str, 1 dopp Ü *; von * bis * 2 x wdh, 4 M str (= 30 M). **13. R:** 3 M str, 1 dopp Ü, * 4 M str, 1 dopp Ü *; von * bis * 2 x wdh, 3 M str (= 22 M). **15. R:** * 2 M str, 1 dopp Ü *; von * bis * 3 x wdh (= 14 M). **17. R:** 1 M str, 4 x 1 dopp Ü, 1 M str (= 6 M). Den Faden kürzen und durch die restl M ziehen, fest anziehen.

Rechtes Ohr (Rückseite): In Dunkelgrün 2 M anschl und glatt rechts str, dabei an der linken Seite in jeder 2. R 4 x 1 M und 1 x 8 M zun (= 14 M). 2 R str, dann abn wie folgt: **1. R:** 2 M str, 1 einf Ü, 6 M str, 2 M zusstr, 2 M str (= 12 M).

2. und alle folg geraden R: Alle M li str. **3. R:** 2 M str, 1 einf Ü, 4 M str, 2 M zusstr, 2 M str (= 10 M). **5. R:** 2 M str, 1 einf Ü, 2 M str, 2 M zusstr, 2 M str (= 8 M). **7. R:** 2 M str, 1 einf Ü, 2 M zusstr, 2 M str (= 6 M). **9. R:** 1 M str, 1 einf Ü, 2 M zusstr, 1 M str (= 4 M). **11. R:** 2 x 2 M zusstr und M abk. **Vorderseite:** Gegengleich zur Rückseite in Braun str.

Linkes Ohr (Rückseite): Gegengleich zur Rückseite des rechten Ohrs str. **Vorderseite:** Gegengleich zur Rückseite in Braun str.

Schnauze: In Dunkelgrün 6 M anschl und 4 R glatt rechts str, dann in jeder 2. R zu Beginn und am Ende jeder R 2 x 2 M re zusstr. Die restl 2 M abk.

Körper: Man beginnt unten am Körper. 80 M in Braun anschl, glatt rechts str und zun wie folgt: **3. R:** 20 M str, * 1 M aus dem Querfaden zun, 1 M str *; von * bis * 19 x wdh (= 100 M). 13 R gerade hochstr. **17. R:** 30 M str, * 1 einf Ü, 7 M str *; von * bis * 1 x wdh, 1 einf Ü, 2 M zusstr, * 7 M str, 2 M zusstr *; von * bis * 1 x wdh, 30 M str (= 94 M). 9 R gerade hochstr. **27. R:** 13 M str, 14 x 2 M zusstr, 12 M str, 14 x 2 M zusstr, 13 M str (= 66 M). **29. R:** 31. M str, 1 einf Ü, 2 M zusstr, 31 M str (= 64 M). 5 R gerade hochstr. **35. R:** Beidseitig 1 M zun (= 66 M). 9 R gerade hochstr. **45. R:** Beidseitig 1 M zun (= 68 M). **47. R:** 32 M str, 1 einf Ü, 2 M zusstr, 32 M str (= 66 M). **49. R** und **53. R:** Beidseitig 1 M zun (= 70 M). 3 R gerade hochstr. **57. R:** Die ersten 7 M abk, 4 M str, 1 einf Ü, 9 M str, 1 einf Ü, 9 M str, 1 einf Ü, 2 M zusstr, 9 M str, 2 M zusstr, 9 M str, 2 M zusstr, 11 M str. **58. R:** Die ersten 7 M abk und die folg 50 M li str. **65. R:** 4 M str, 1 einf Ü, 8 M str, 1 einf Ü, 7 M str, 1 einf Ü, 2 M zusstr, 7 M str, 2 M zusstr, 8 M str, 2 M zusstr, 4 M str (= 44 M). **73. R:** 4 M str, 1 einf Ü, 6 M str, 1 einf Ü, 6 M str, 1 einf Ü, 2 M zusstr, 6 M str, 2 M zusstr, 6 M str, 2 M zusstr, 4 M str (= 38 M). **81. R:** 4 M str, 1 einf Ü, 4 M str, 1 einf Ü, 5 M str, 1 einf Ü, 2 M zusstr, 5 M str, 2 M zusstr, 4 M str, 2 M zusstr, 4 M str (= 32 M). **89. R:** 4 M str, 1 einf Ü, 2 M str, 1 einf Ü, 4 M str, 1 einf Ü, 2 M zusstr, 4 M str, 2 M zusstr, 2 M str, 2 M zusstr, 4 M str (= 26 M). **91. R:** 4 M str, 1 einf Ü, 5 M str, 1 einf Ü, 2 M zusstr, 5 M str, 2 M zusstr, 4 M str (= 22 M). **93. R (Hals):** Jeweils 2 M zusstr und alle M abk.

Körperunterseite: 32 M in Braun anschl und glatt rechts str, dabei beidseitig in jeder 2. R 2 x 1 M zun (= 36 M). 6 R gerade hochstr, dann beidseitig in jeder 2. R 5 x 1 M abn (= 26 M). Anschließend * 2 M zusstr, 1 M str *, von * bis * 7 x wdh, 2 M zusstr (= 17 M). 3 R gerade hochstr, in der folg R 1 M str und jeweils 2 M zus-str (= 9 M). Alle M abk. Die Mittel-M der Anschlag- und der Abkett-R mit einem andersfarbigen Faden markieren.

Vorderpfoten

1. Pfote: In Dunkelgrün 12 M anschl und glatt rechts wie folgt str: **1. R:** In jede M 2 M str (= 24 M). **2. R und alle geraden R:** Alle M li str. **5. R:** In jede M 2 M str (= 48 M). **7. R:** 21 M str, in folg 5 M je 2 M, 22 M str (= 53 M). In Braun 8 R gerade hochstr. **9. R:** 13 M str, 13 x 2 M zusstr, 14 M str (= 40 M). **11. R:** 1 M str, 2 x 2 M zusstr, 7 M str, 8 x 2 M zusstr, 7 M str, 2 x 2 M zusstr, 1 M str (= 28 M).

Weiter gerade hochstr. **31. und 33. R:** Beidseitig 1 M zun (= 32 M). Mit 1 R li M abschließen wie folgt: 8 M abk, bis zum R-Ende str, 4 M abk, bis zum R-Ende str, die restl 20 M stilllegen.

2. Pfote: Wie die 1. Pfote str, jedoch nach der R li M 4 M abk, bis zum R-Ende str, 8 M abk, bis zum R-Ende str, die restl 20 M stilllegen. Über beide Pfoten weiterstr, dazu die je 4 abgeketteten M in der Mitte platzieren (= 40 M). 20 R gerade hochstr und mit den Abnahmen beginnen: **1. R:** 5 M str, 2 M zusstr, 1 einf Ü, 22 M str, 2 M zusstr, 1 einf Ü, 5 M str (= 36 M). **2. R und alle geraden R:** Alle M li str. **5. R:** 4 M str, 2 M zusstr, 1 einf Ü, 20 M str, 2 M zusstr, 1 einf Ü, 4 M str (= 32 M). **9. R:** 3 M str, 2 M zusstr, 1 einf Ü, 18 M str, 2 M zusstr, 1 einf Ü, 3 M str (= 28 M). **13. R:** 2 M str, 2 M zusstr, 1 einf Ü, 16 M str, 2 M zusstr, 1 einf Ü, 2 M str (= 24 M). **15. R:** 1 M str, 2 M zusstr, 1 einf Ü, 14 M str, 2 M zusstr, 1 einf Ü, 1 M str (= 20 M). **17. R:** Jeweils 2 M re zusstr (= 10 M). **19. R:** Alle M abk.

Hinterpfoten: Sie werden in zwei Teilen gestrickt. **1. Teil:** In Braun 8 M anschl und 4 R glatt rechts str. Die M stilllegen. **2. Teil:** Wie das 1. Teil str. Die beiden Teile auf eine Nadel nehmen und dazwischen 14 M anschl (= 30 M). Glatt rechts gerade hochstr. **9. R:** 8 M str, 1 M aus Querfaden zun, * 2 M str, 1 M aus Querfaden zun *; von * bis * 6 x wdh, 8 M str (= 38 M). **19. R:** 5 M str, 2 M zusstr, 1 einf Ü, 20 M str, 2 M zusstr, 1 einf Ü, 5 M str (= 34 M). **21. R:** 4 M str, 2 M zusstr, 1 einf Ü, 18 M str, 2 M zusstr, 1 einf Ü, 4 M str (= 30 M). **23. R:** 3 M str, 2 M zusstr, 1 einf Ü, 16 M str, 2 M zusstr, 1 einf Ü, 3 M str (= 26 M). **25. R:** 2 M str, 2 M zusstr, 1 einf Ü, 14 M str, 2 M zusstr, 1 einf Ü, 2 M str (= 22 M). **27. R:** Jeweils 2 M re zusstr (= 11 M). **29. R:** Alle M abk. Die **zweite Hinterpfote** gleich str.

Schwanz: Man beginnt am oberen Ende. In Dunkelgrün 28 M anschl und glatt rechts str. **11. R:** 18 M str, wenden, 1 M li abh, 7 M str, wenden, 1 M li abh, bis zum R-Ende str. **13. R:** Beidseitig 1 M abn (= 26 M). **19. R:** 17 M str, wenden, 1 M li abh, 7 M str, wenden, 1 M li abh, bis zum R-Ende str. **25., 27. und 29. R:** Beidseitig 1 M abn (= 20 M). **31., 35., 39., 43., 47., 51. und 55. R:** Beidseitig 1 M abn (= 6 M). **59. R:** Den Faden kürzen und durch die restl M ziehen, fest anziehen, um das Ende zu schließen.

Hals: In Dunkelgrün 50 M anschl und 5 R glatt rechts str, in der folg Rück-R re M str und 5 R glatt rechts str. Alle M abk. Diesen Streifen zur Hälfte legen und die Anschlag- und Abkett-R zusammennähen. An einer Seite 1 Knopflochschlaufe häkeln und an der anderen Seite den Knopf annähen.

Fertigstellung: Die Nähte am Kopf (rückwärtige), am Bauch, am Schwanz, an den Unterseiten und an den Pfoten schließen. Die Pfoten und den Schwanz mit Füllmaterial füllen und an den Körper nähen. Die beiden Ohrteile zusammennähen und die Ohren oben am Kopf annähen. Die Schnauze vorne am Kopf annähen. Die Augen und den Schnurrbart in Rosa aufsticken. Alle Teile mit Füllmaterial füllen und annähen. Die Körperunterseite annähen. Die Pfoten vorne in Rosa besticken, die Krallen mit großen Spannstichen aufsticken.

100 % PURE LAINE
104°F
40°C

Die Garne

Die Garne

Achten Sie auf die empfohlenen Garnarten, die bei jeder Modellanleitung angegeben sind. Sie sind wesentlich, um ein gutes Ergebnis zu erzielen. Mit einem anderen Garn kommen Sie nicht zum gleichen Ergebnis wie mit den Originalgarnen und Sie erreichen auch nicht das charakteristische Aussehen, welches die Garne in diesem Buch ergeben. Die Stärke der verwendeten Nadeln hängt von der Garnstärke ab. Da die Haut von Babys sehr weich und empfindlich ist, empfehlen wir Ihnen ein Garn, das zu 100 Prozent aus Wolle besteht.
Wenn Sie das Garn austauschen, lassen Sie sich vom Fachhändler beraten. Besorgen Sie immer ein Garn in derselben Stärke wie das in diesem Buch verwendete. Tauschen Sie beispielsweise ein dickeres Wollgarn nur durch ein anderes Wollgarn aus, das ebenfalls stärker ist. Und achten Sie auf die Maschenprobe, die auf dem Etikett sowie in der Anleitung angegeben ist. Ziehen Sie beim Austausch von Garnen auch die Muster in Betracht. Zopfmuster, die in Wolle gestrickt werden, sind elastischer und enger als Zopfmuster aus Baumwolle. Auf diese Weise können sich die Maße der Kleidung oder der Accessoires verändern.

Der Wollkauf

Auf dem Etikett finden Sie die notwendigen Angaben zu Maschenprobe, Gewicht und Lauflänge. Auf ihm finden Sie auch die Farbbadnummer. Knäuel einer Farbe, die nicht dieselbe Farbbadnummer besitzen, können farblich variieren. Kaufen Sie daher die Wolle für ein Projekt auf einmal und achten Sie darauf, dass die Knäuel dieselbe Farbbadnummer besitzen. Brauchen Sie üblicherweise mehr Garn, als angegeben, sollten Sie zusätzlich ein Knäuel erwerben. Erhalten Sie nicht alle Knäuel aus einem Farbbad, stricken Sie die Bündchen oder den Kragen mit einem Knäuel aus einer Farbbadnummer, von der Sie weniger haben. Wechseln Sie jedoch nicht mitten in der Arbeit zu einer anderen Farbbadnummer.

Das Material

Nadeln
Ob aus Holz, aus Metall oder aus Plastik, sie haben an einer Seite eine Spitze und am anderen Ende einen Knopf oder ein Endstück, damit die Maschen nicht von der Nadel rutschen können. Die Nummer, die oft am Endstück steht, bezeichnet die Nadelstärke.
Nadelspiel
Das Nadelspiel wird meist mit fünf einzelnen Nadeln verkauft. Die Nadeln sind häufig aus Metall. Auf den Nadeln des Nadelspiel kann man Maschen stilllegen oder sie bei Zopfmustern als Hilfsnadeln verwenden.
Wollnadel
Das ist eine Nadel mit stumpfer Spitze und breitem Öhr zum Zusammennähen der einzelnen Strickstücke.
Maschenraffer
Dies ist eine Art große Sicherheitsnadel, auf die man stillgelegte Maschen geben kann, ohne dass sie von der Nadel rutschen können.
Stecknadeln
Stecknadeln braucht man immer, um verschiedene Strickstücke zusammenzustecken, bevor sie zusammengenäht werden.

Schere
Eine kleine spitze Schere ist für alle Strickarbeiten unverzichtbar.
Häkelnadel
Man braucht sie überwiegend für Abschlussbordüren.
Bandmaß
Es gibt Modelle, die automatisch aufrollbar sind. Sie sind praktisch und benötigen minimal Platz.
Reihenzähler
Die kleinen Reihenzähler steckt man auf die Nadeln und dreht sie bei jeder Reihe weiter. Auf diese Weise kann man sich nicht verzählen.

Abkürzungen

In den Strickanleitungen werden Abkürzungen verwendet, um Platz zu sparen. Die Abkürzungen sind immer die gleichen. Ihre Bedeutung entnehmen Sie bitte der folgenden Liste der in diesem Buch verwendeten Abkürzungen.

abk = abketten
abn = abnehmen
anschl = anschlagen
aufn = aufn
dopp Ü = doppelter Überzug
einf Ü = einfacher Überzug
fe M = feste Masche
folg = folgende/n/r
G = Größe
GH = Gesamthöhe
Kett-M = Kettmasche
Krebs-M = Krebsmaschen
Lftm = Luftmasche
li M = linke Masche
M = Masche
R = Reihe
Rand-M = Randmasche
re M = rechte Masche
restl = restlichen
str = stricken
U = Umschlag
verschr = verschränkt
zun = zunehmen (den Querfaden zwischen 2 Maschen aufn und stricken)
zus = zusammen

6½ mm
6½ mm

Techniken und Muster

Die Projekte in diesem Buch sind für alle Strickerinnen geeignet, auch für Anfängerinnen. Sie sollten lediglich Maschen anschlagen und abketten sowie rechte und linke Maschen stricken können und wissen, wie man Abnahmen und Zunahmen arbeitet und Strickteile zusammennäht. Lesen Sie die folgenden Seiten, falls Sie Ihr Wissen auffrischen möchten oder falls Sie die Techniken zum ersten Mal in Angriff nehmen.

Der Maschenanschlag

Maschen anschlagen

Eine Schlinge legen:
1. Das Fadenende vom Knäuel mit der linken Hand nehmen und etwas Garn zugeben, sodass die Länge reicht, um später Nähte zu schließen. Den Faden über den Daumen derselben Hand legen und um den Zeige- und Mittelfinger wickeln. Den Faden ein zweites Mal um beide Finger legen, jedoch näher am Daumenende, und den Faden zum Daumen führen, mit dem Ringfinger festhalten.
2. Nun sind die beiden Fadenenden zwischen dem Daumen und dem Ringfinger. Eine Stricknadel nehmen und mit der rechten Hand die erste Schlinge legen (A).
3. Die Schlinge mithilfe der Nadelspitze anziehen und zur Fingerspitze hin ziehen.
4. Die Fäden von den Fingern gleiten lassen und außerhalb der Schlinge leicht an beiden Fadenenden anziehen, um den Knoten um die Nadel zu legen (B).

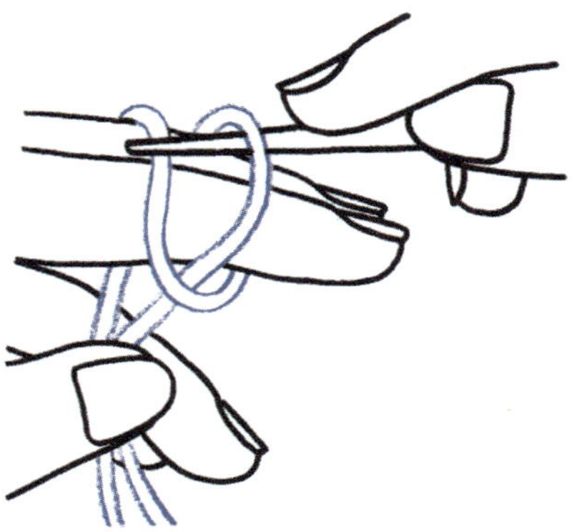
A

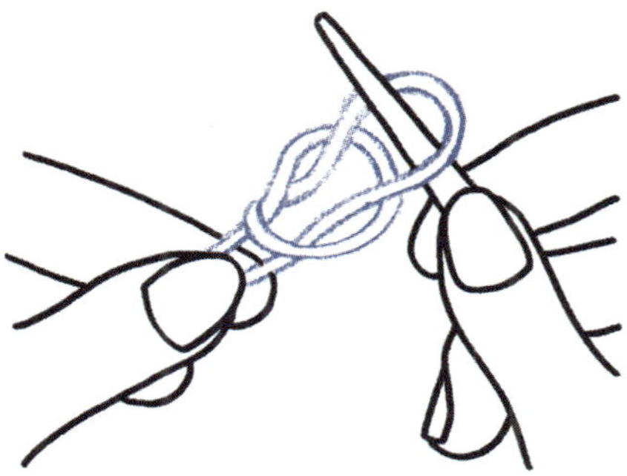
B

Dann die Anschlagsreihe fortsetzen

1. Die Nadel mit der Schlinge in die linke Hand nehmen. Mit der rechten Hand die zweite Nadel ergreifen und in die Schlinge einstechen – von links nach rechts.
2. Mit der rechten Hand den Arbeitsfaden (vom Knäuel kommend) aufn und gegen den Uhrzeigersinn, hinter der linken Nadel, um die rechte Nadel legen (A).
3. Die rechte Nadel vorsichtig durch die erste Schlinge ziehen (B) und eine zweite Schlinge über der ersten anfertigen (C).
4. Mit der Spitze der linken Nadel in die neue Schlinge einstechen und die Schlinge auf die linke Nadel gleiten lassen (D).
5. Diesen Vorgang so oft wiederholen, bis Sie die gewünschte Anzahl von Maschen auf der linken Nadel haben (E).

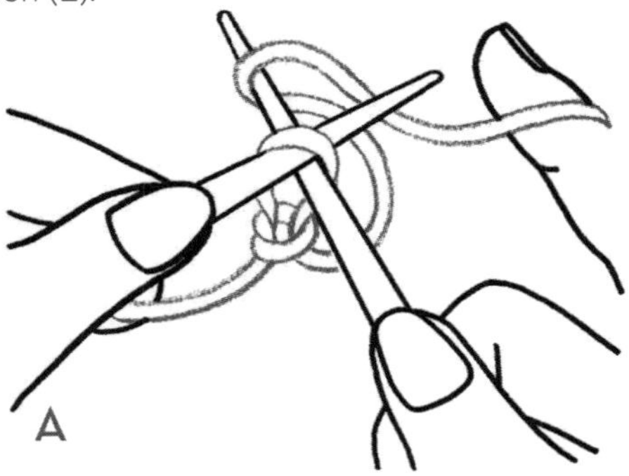
A

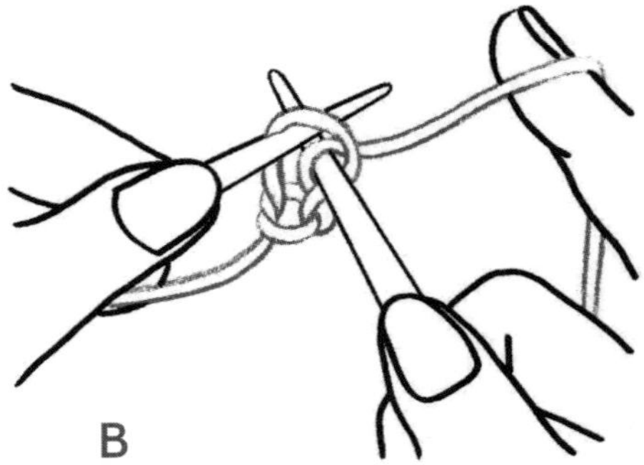
B

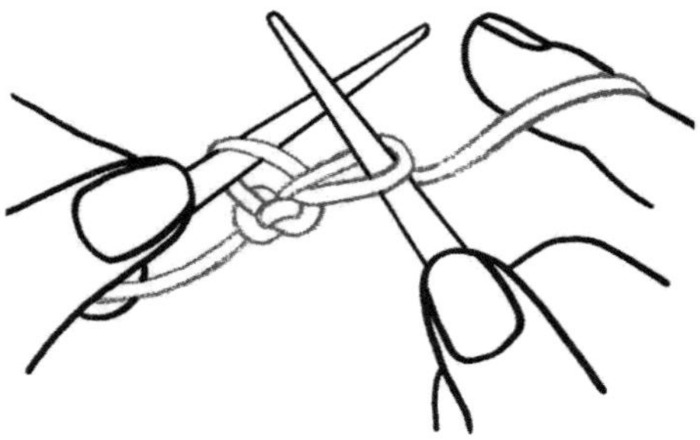
C

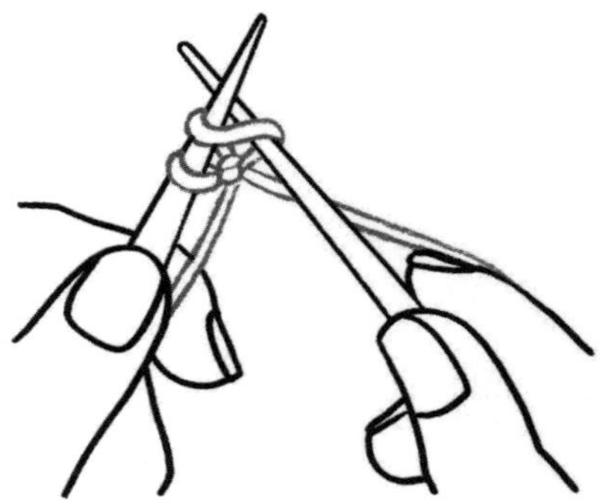
D

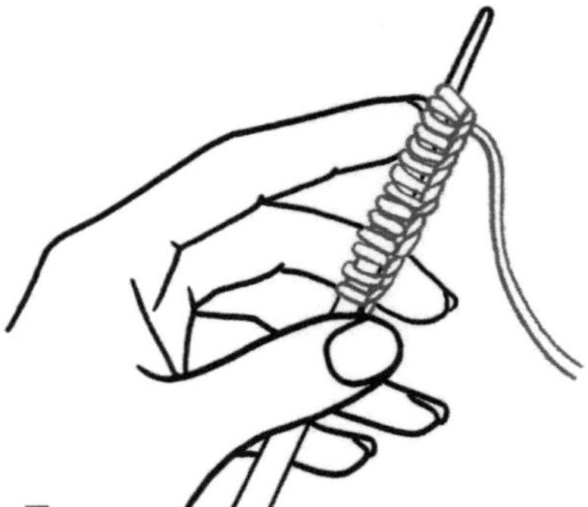
E

Maschen abketten

Um ein Strickstück zu beenden, muss man die Maschen abketten, damit sie sich nicht lösen können. Dazu 2 Maschen stricken (A) und die erste Masche über die folgende Masche ziehen (B).
Auf diese Weise bis zum Reihenende weiterarbeiten, bis noch 1 Masche übrig ist (C). Den Faden, der vom Knäuel kommt, kürzen, durch die Masche ziehen und den Faden anziehen, um die Masche zu sichern.

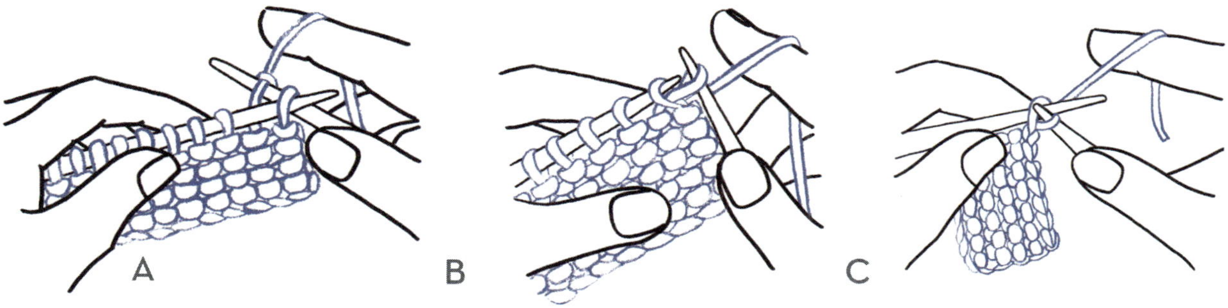

Eine Quaste herstellen

A. Ein Stück Karton – die Breite des Kartons entspricht der Länge der Quaste – je nach gewünschtem Volumen der Quaste mehr oder weniger oft mit dem Wollfaden umwickeln. An einem Kartonende die Scherenspitze einführen und alle Fäden durchschneiden.
B. Die Fäden mittig auf einen Stift geben und für den Quastenkopf die Fäden mehrmals unter dem Stift mit einem Faden umwickeln, den Faden fest anziehen. Die Fadenenden mithilfe einer Sticknadel innen verknoten.
C. Den Stift aus der Quaste ziehen und an seiner Stelle einen Faden oder eine Kordel durch den Quastenkopf ziehen. Die Quastenfäden durchkämmen, begradigen und unten mit der Schere abgleichen.

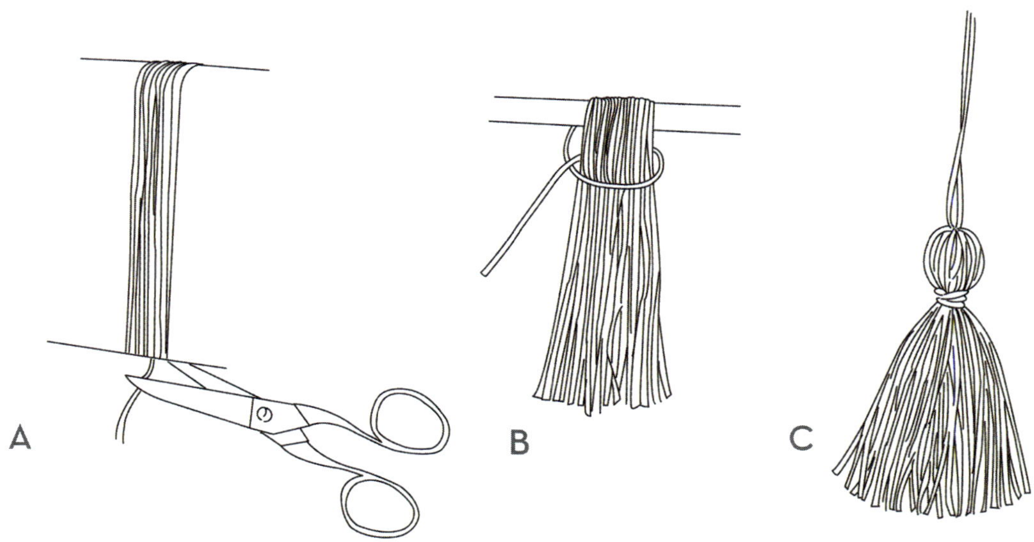

Die Grundstrickarten

Kraus rechts und rechte Maschen

Die Maschen aller Reihen werden rechts gestrickt. Folgen Sie den unten stehenden Abbildungen, um eine rechte Masche zu stricken.

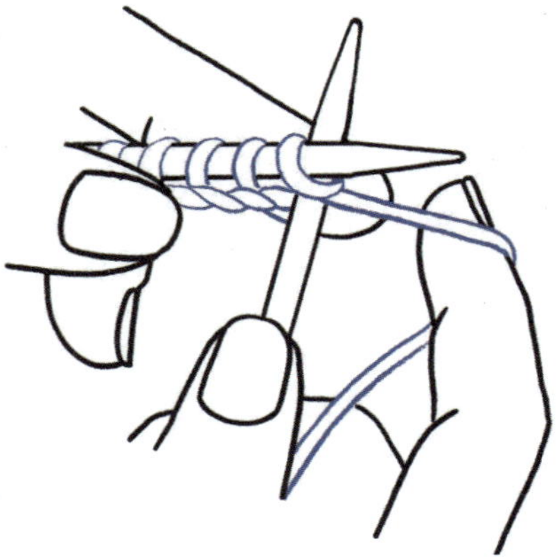

A

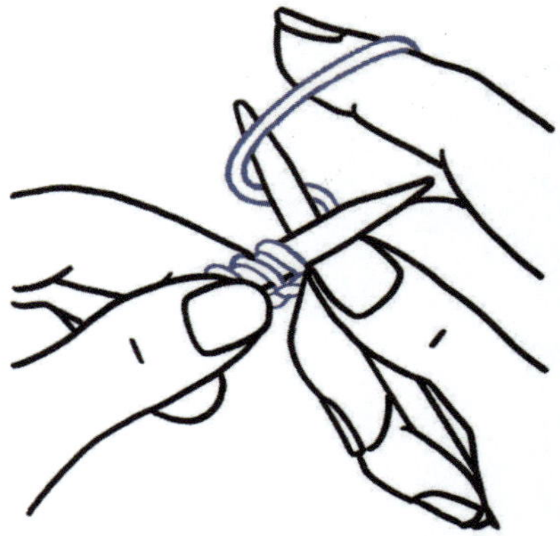

B

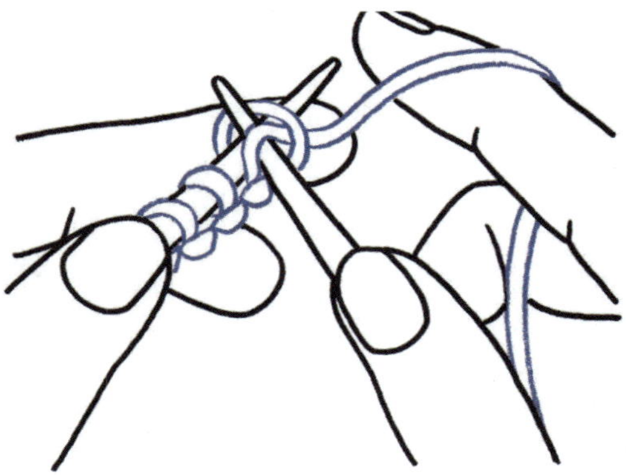

C

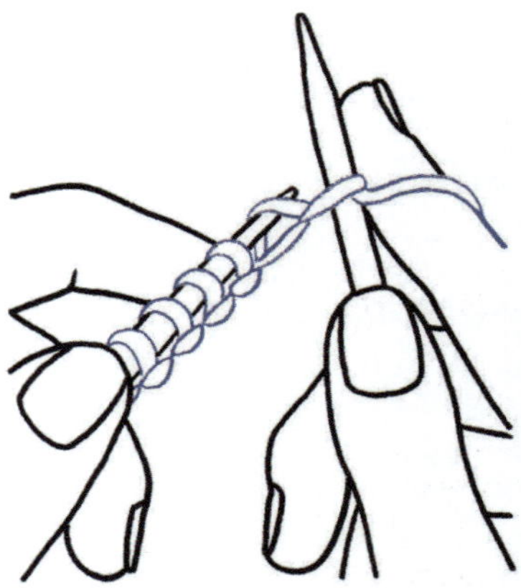

D

Glatt links und linke Maschen

Die Maschen der ungeraden Reihen werden rechts gestrickt, die Maschen der geraden Reihen werden links gestrickt. Folgen Sie den unten stehenden Abbildungen, um eine linke Masche zu stricken.

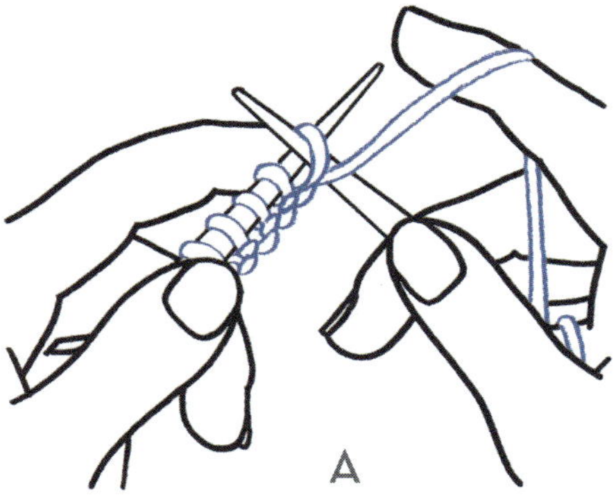
A

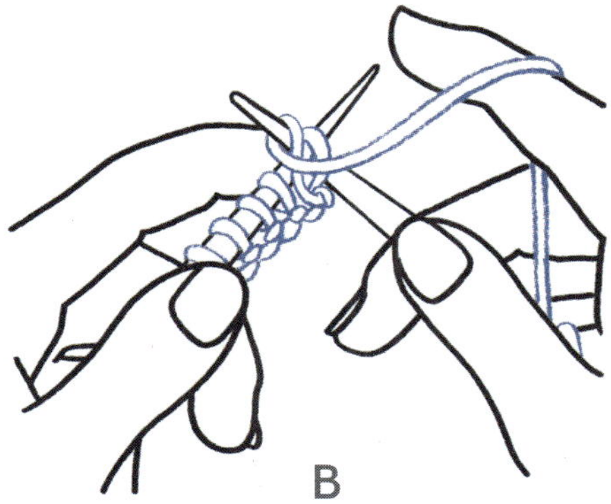
B

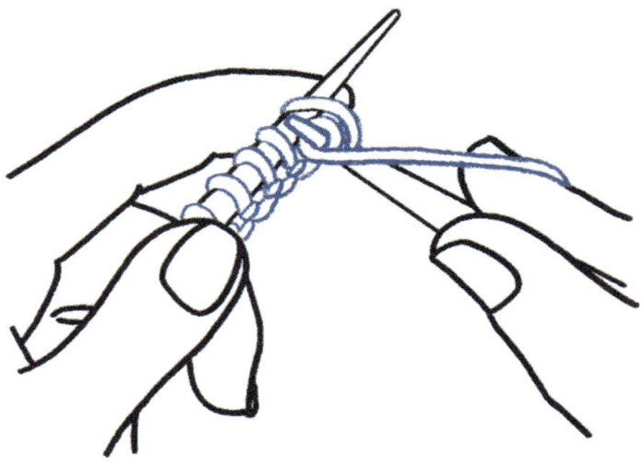
C

Rippenmuster 1/1

Das Muster wird über 2 Reihen und über eine Anzahl von Maschen gestrickt, die durch 2 teilbar ist.
1. Reihe: Abwechselnd 1 Masche rechts, 1 Masche links stricken.
2. Reihe: Abwechselnd 1 Masche rechts, 1 Masche links stricken.

Rippenmuster 3/3

Das Muster wird über 2 Reihen und über eine Anzahl von Maschen gestrickt, die durch 6 teilbar ist.
1. Reihe: Abwechselnd 3 Masche rechts, 3 Masche links stricken.
2. Reihe: Abwechselnd 3 Masche rechts, 3 Masche links stricken.

Perlmuster

Das Muster wird über 2 Reihen und über eine Anzahl von Maschen gestrickt, die durch 2 teilbar ist.
1. Reihe: Abwechselnd 1 Masche rechts, 1 Masche links stricken.
2. Reihe: Abwechselnd 1 Masche links, 1 Masche rechts stricken.

Zunahmen

Der Umschlag

Um einen Umschlag zu machen, den Faden zwischen 2 rechts gestrickten Maschen über die rechte Nadel führen, von hinten nach vorne und von unten nach oben. In der folgenden Reihe die rechte Nadel in den Umschlag wie in eine normale Masche einstechen und abstricken (links abstricken für eine linke Masche und rechts abstricken für eine rechte Masche).

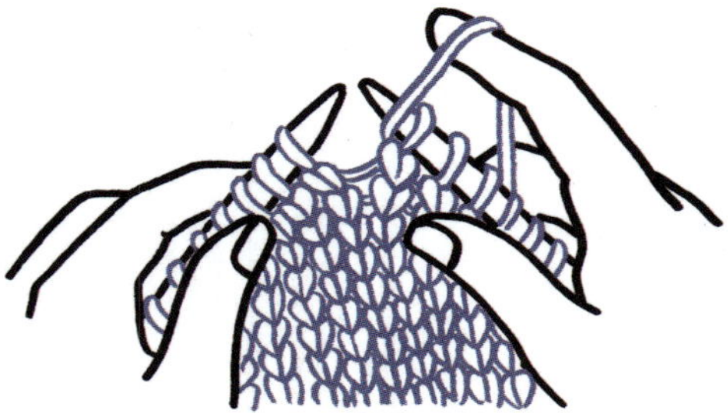
A

B

Zunahmen aus dem Querfaden

1. Die Nadelspitze der linken Nadel unter dem Faden der Vorreihe, der mit der Masche, die Sie als Nächstes stricken werden, verbunden ist, von vorne nach hinten einstechen (A).
2. Mit der rechten Nadelspitze den Faden rechts abstricken, dabei in das hintere Maschenglied einstechen (B).

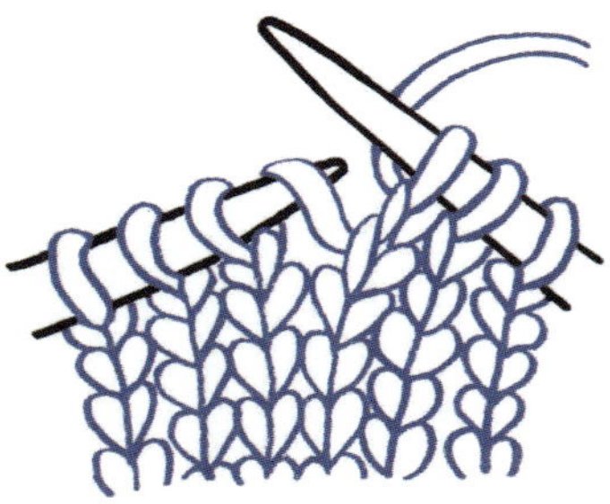
A

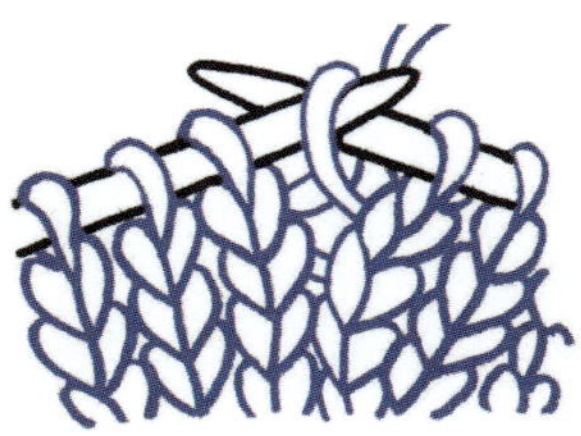
B

Abnahmen

Einfacher Überzug

1. 1 Masche von der linken Nadel wie zum Rechtsstricken auf die rechte Nadel heben, jedoch ohne sie zu stricken (A).
2. Die folgende Masche rechts abstricken, dann mit der linken Nadelspitze von links nach rechts in die abgehobene Masche einstechen (B), die Masche hochziehen und über die gestrickte Masche ziehen (C).

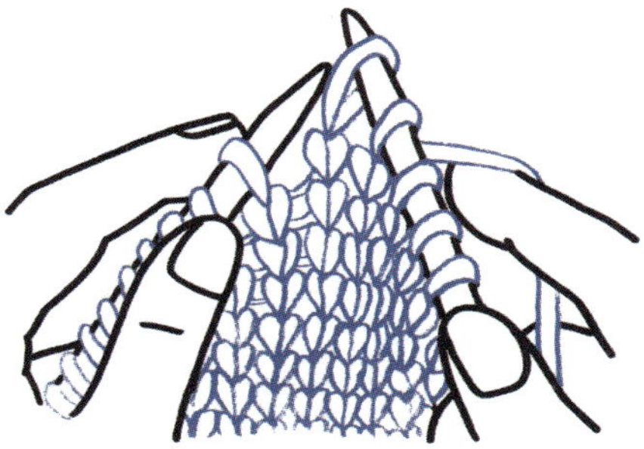

A

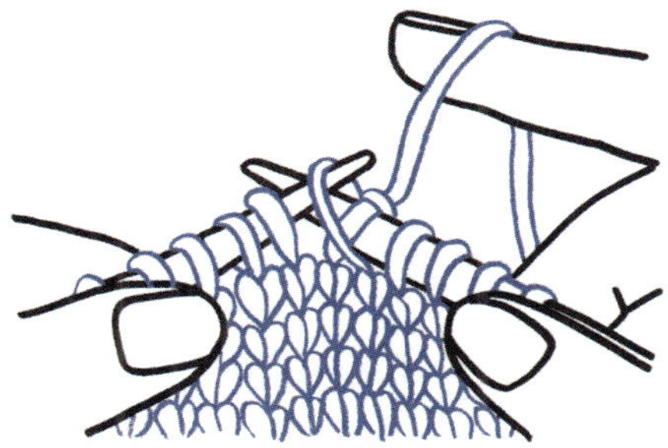

B

C

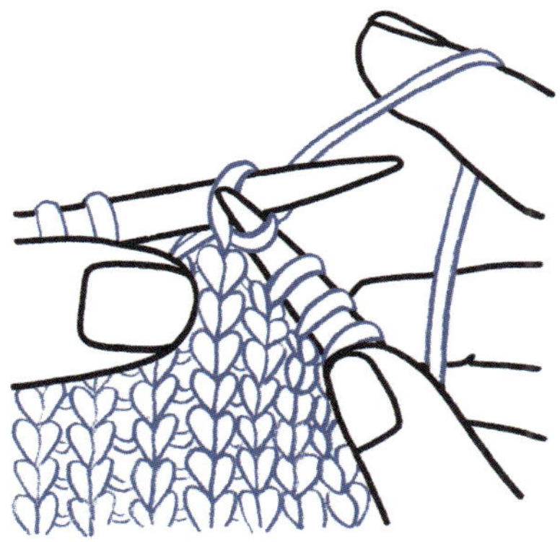

Zwei Maschen zusammenstricken

1. Mit der rechten Nadelspitze in die folgenden 2 Maschen auf einmal einstechen, von links nach rechts (A).
2. Die beiden Maschen wie 1 rechte Masche zusammen abstricken.

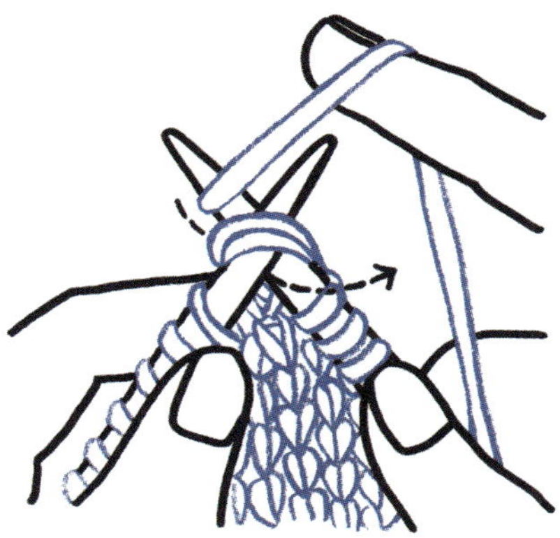

Ein Knopfloch anfertigen

1. Reihe: Entsprechend der Größe des Knopflochs die gewünschte Anzahl an Maschen für das Knopfloch abketten und weiterstricken.
2. Reihe: Bis zur letzten Masche vor dem Knopfloch stricken, dann die Maschenanzahl neu anschlagen, die in der Vorreihe abgekettet wurden, und weiterstricken.

Weitere Muster

Zopfmuster mit 4 nach links gekreuzten Maschen

2 Maschen auf eine Hilfsnadel vor die Arbeit legen, die folgenden 2 Maschen rechts stricken (A), dann die 2 Maschen der Hilfsnadel rechts stricken (B).

A

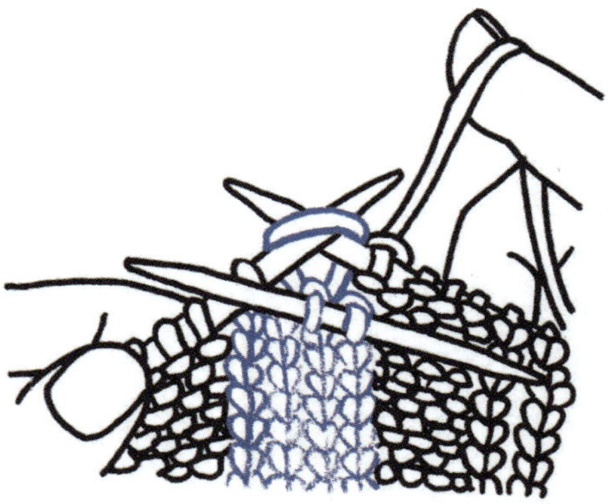

B

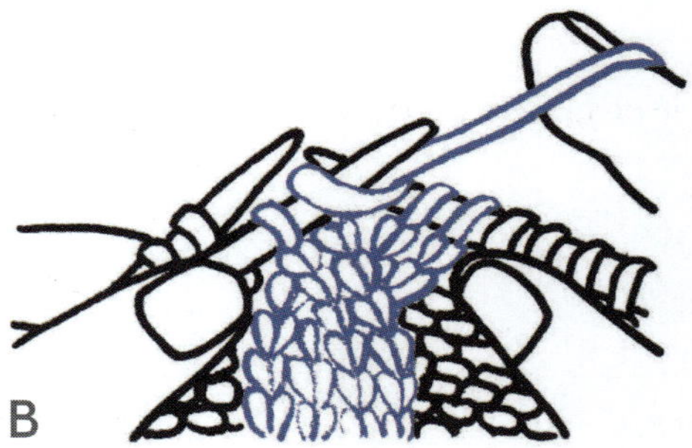

Zopfmuster mit 4 nach rechts gekreuzten Maschen

2 Maschen auf eine Hilfsnadel hinter die Arbeit legen, die folgenden 2 Maschen rechts stricken, dann die 2 Maschen der Hilfsnadel rechts stricken.

Zopfmuster mit 6 nach rechts oder links gekreuzten Maschen

Wie beim Zopfmuster mit 4 Maschen arbeiten, jedoch 3 Maschen auf die Hilfsnadel legen und 3 M stricken, dann die 3 Maschen der Hilfsnadel stricken.

Die Fertigstellung

Maschen aufn

1. Mit der Nadelspitze in eine Randmasche oder in eine abgekettete Masche auf der Vorderseite des Strickteils von vorne nach hinten einstechen (A).
2. Mit der Nadel den Faden holen (B).
3. Die Fadenschlinge wie zum Stricken einer rechten Masche zur Vorderseite durchziehen (C).
4. Diesen Vorgang bei jeder Reihe oder jeder Masche wiederholen (D).

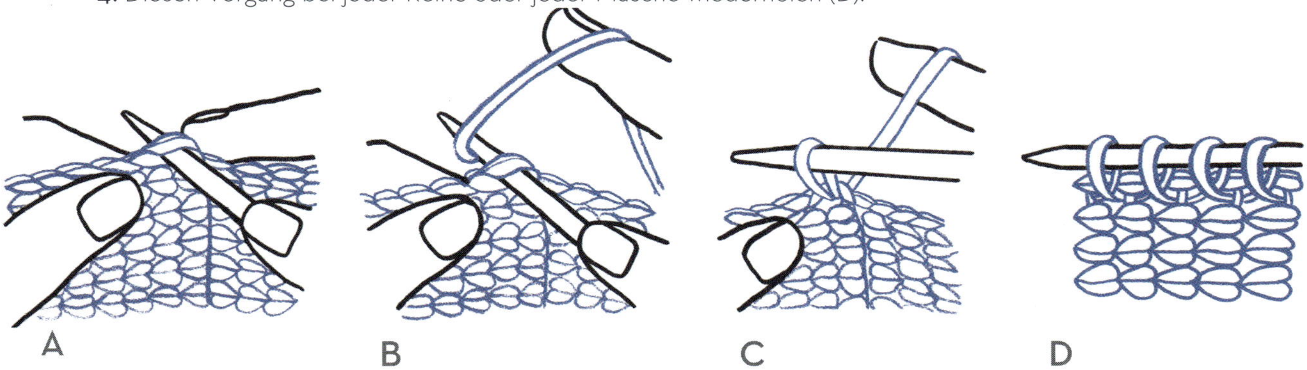

Naht im Matratzenstich

Diese Naht ist ideal, um Seitenkanten zu schließen.

Naht im Rückstich

Diese Naht ist fester, jedoch auch schwieriger anzufertigen.

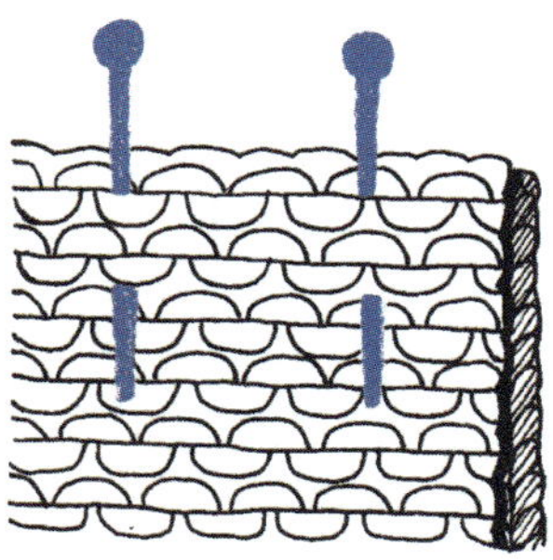

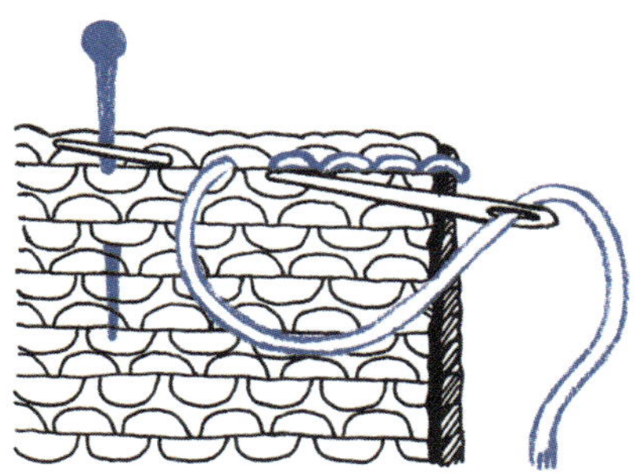

Damit Sie die Projekte in diesem Buch mit dem Garn Ihrer Wahl stricken können, haben wir Ihnen bei den Anleitungen immer das verwendete Garn und die Nadelstärke angegeben, sodass Sie die Lauflänge der Garne ermitteln können. Möchten Sie mit Garnen von Bouton d'Or und Anny Blatt stricken, aus denen die Modelle in diesem Buch gestrickt worden sind, finden Sie unten stehend die Liste mit den Angaben zu den verwendeten Garnen.

Seite 70 – Schicke Jacke: Qualität Bouton d'Or, Challenge, Nadeln Nr. 3 und 3,5
Seite 71 – Babyjäckchen: Qualität Anny Blatt, Baby Blatt, Nadeln Nr. 2,5
Seite 73 – Pulli mit Kreuzstich: Qualität Bouton d'Or, Challenge, Nadeln Nr. 4
Seite 74 – Asymmetrisches Jäckchen: Qualität Anny Blatt, Baby Blatt, Nadeln Nr. 3
Seite 76 – Wickeljäckchen: Qualität Bouton d'Or, Baby Superwash, Nadeln Nr. 2,5 und 3
Seite 77 – Pulli im Fantasiemuster: Qualität Bouton d'Or, Challenge, Nadeln Nr. 2,5 und 3,5
Seite 78 – Streifenpulli: Qualität Bouton d'Or, Baby Superwash, Nadeln Nr. 3
Seite 79 – Mäntelchen: Qualität Bouton d'Or, Laiíka, Nadeln Nr. 6, und Baby Superwash, Nadeln Nr. 3, 3,5
Seite 81 – Marineblauer Mantel: Qualität Bouton d'Or, Laiíka, Nadeln Nr. 6
Seite 82 – Warme Jacke: Qualität Anny Blatt, Mérinos, Nadeln Nr. 3 und 3,5
Seite 83 – Babyjäckchen mit Schleife: Qualität Bouton d'Or, Baby Superwash, Nadeln Nr. 3
Seite 84 – Gestreiftes Babyjäckchen: Qualität Bouton d'Or, Baby Superwash, Nadeln Nr. 3,5
Seite 86 – Raglanjäckchen: Qualität Bouton d'Or, Laiíka, Nadeln Nr. 6
Seite 87 – Pulli im Zickzackmuster: Qualität Anny Blatt, Baby Blatt, Nadeln Nr. 3
Seite 88 – Wickeljäckchen: Qualität Anny Blatt, Baby Blatt, Nadeln Nr. 3
Seite 90 – Pumphose mit Band: Qualität Anny Blatt, Mérinos, Nadeln Nr. 3,5
Seite 91 – Zweifarbiges Jäckchen: Qualität, Anny Blatt, Baby Blatt, Nadeln Nr. 2,5
Seite 92 – Strampelanzug: Qualität Bouton d'Or, Baby Superwash, Nadeln Nr. 2,5 und 3
Seite 94 – Lange Hose: Qualität Anny Blatt, Mérinos, Nadeln Nr. 3,5 und 4
Seite 94 – Spielhose: Qualität Bouton d'Or, Baby Superwash, Nadeln Nr. 2,5 und 3
Seite 95 – Strampelanzug mit Trägern: Qualität Anny Blatt, Baby Blatt, Nadeln Nr. 3 und 3,5
Seite 97 – Kleid mit Taschen: Qualität Anny Blatt, Mérinos, Nadeln Nr. 3,5
Seite 98 – Überkleid: Qualität Anny Blatt, Mérinos, Nadeln Nr. 3
Seite 99 – Trägertop: Qualität Anny Blatt, Mérinos, Nadeln Nr. 3,5
Seite 101 – Runde Mütze: Qualität Bouton d'Or, Baby Superwash, Nadeln Nr. 2,5 und 3
Seite 102 – Mütze mit Pompon: Qualität Bouton d'Or, Baby Superwash, Nadeln Nr. 2,5 und 3
Seite 103 – Schal im Strukturmuster: Qualität Bouton d'Or, Baby Superwash, Nadeln Nr. 3
Seite 104 – Mütze mit Pompons: Qualität Anny Blatt, Baby Blatt, Nadeln Nr. 2,5
Seite 105 – Zipfelmütze: Qualität Anny Blatt, Mérinos, Nadeln Nr. 3,5
Seite 105 – Kleine Mütze: Qualität Bouton d'Or, Baby Superwash, Nadeln Nr. 3
Seite 106 – Schal mit Pompons: Qualität Anny Blatt, Mérinos, Nadeln Nr. 3,5
Seite 107 – Mütze mit Bändern: Qualität Bouton d'Or, Baby Superwash, Nadeln Nr. 5,5
Seite 108 – Schal mit Aranmustern: Qualität Anny Blatt, Mérinos, Nadeln Nr. 6
Seite 109 – Fäustlinge: Qualität Anny Blatt, Mérinos, Nadeln Nr. 3,5 und 4
Seite 109 – Handschuhe: Qualität Anny Blatt, Mérinos, Nadeln Nr. 3,5
Seite 110 – Strumpfhausschuhe: Qualität Bouton d'Or, Baby Superwash, Nadeln Nr. 2,5
Seite 111 – Wichtelschuhe: Qualität Bouton d'Or, Challenge, Nadeln Nr. 3,5
Seite 112 – Hausschuhsocken: Qualität Bouton d'Or, Baby Superwash, Nadeln Nr. 2,5 und 3
Seite 113 – Hausschuhe mit Pompons: Qualität Bouton d'Or, Baby Superwash, Nadeln Nr. 2,5
Seite 113 – Schühchen mit Blumen: Qualität Bouton d'Or, Baby Superwash, Nadeln Nr. 3
Seite 114 – Stiefelchen: Qualität Bouton d'Or, Baby Superwash, Nadeln Nr. 2,5
Seite 115 – Babyschuhe: Qualität Anny Blatt, Mérinos, Nadeln Nr. 3
Seite 116 – Zweifarbige Schuhe: Qualität Anny Blatt, Mérinos, Nadeln Nr. 3
Seite 116 – Decke mit Aranmustern: Qualität Anny Blatt, Mérinos, Nadeln Nr. 5
Seite 117 – Decke mit geometrischem Muster: Qualität Anny Blatt, Mérinos, Nadeln Nr. 5
Seite 118 – Schlafsack für Mädchen: Qualität Bouton d'Or, Baby Superwash, Nadeln Nr. 3
Seite 119 – Schlafsack für Jungen: Qualität Anny Blatt, Mérinos, Nadeln Nr. 5
Seite 120 – Sternenkissen: Qualität Anny Blatt, Mérinos, Nadeln Nr. 4
Seite 121 – Sternendecke: Qualität Anny Blatt, Mérinos, Nadeln Nr. 4
Seite 122 – Plüschtier: Qualität Anny Blatt, Mérinos, Nadeln Nr. 3

Danksagung

Alle Modelle in diesem Buch sind aus verschiedenen Kollektionen Babykleidung von Anny Blatt und Bouton d'Or. Sie wurden mit Garnen dieser Garnhersteller gearbeitet.

Tausend Dank an unsere Strickerinnen, die uns bei der Fertigstellung der Modelle unterstützt haben: Christiane Joly, Danièle Favier, Élodie Escarmelle, Claire Le Pape, Sonia Feltesse, Ginette Delugin, Raymonde Goy, Lucette Laporcherie, Nicole Malichier, Henriette Callarec, Monique Devige und Sophie Domange. Danke auch an Dominique Montembault und Frédérique Longuépée für ihre wertvolle Hilfe. Und vergessen möchten wir auch nicht Anne Molineau und Jean-Francois Porrachia von der Firma Pierre de Loye et Cie, die uns ihr Vertrauen schenkten, dieses Buch erwartungsgemäß zu relaisieren.

ISBN 978-3-572-08064-9

Die französische Originalausgabe erschien erstmals 2011 bei Marabout, einem Imprint von Hachette Livre, unter dem Titel Bébé tricot.

Technische Zeichnungen: Anne Sohier-Fournel
Projektkoordination dieser Ausgabe: Dr. Iris Hahner
Umschlaggestaltung: schwecke.mueller Werbeagentur GmbH, München
Übersetzung: Elfriede Kilian
Redaktion und Producing: THEMA media GmbH & Co. KG, München
Herstellung: Sonja Storz

Verlagsgruppe Random House FSC®-DEU-0100
Das für dieses Buch verwendete FSC®-zertifizierte Papier ***Profimatt*** liefert Sappi, Ehingen

MIX
Papier aus verantwortungsvollen Quellen
FSC® C005833
FSC www.fsc.org

Druck und Bindung: Těšínská tiskárna, Český Těšín

Printed in the Czech Republic

817 2635 4453 6271